방송제작 현장실무

현장 밀착형 방송제작 입문서

김태홍 · 장익선 지음

씨마스

머리말

연출자가 제작 현장에서 큐사인을 하는 모습
이른 아침 FD가 어두운 사무실에서 큐시트를 출력하는 모습
야간에 스튜디오에서 망치질 소리와 함께 세트를 세우는 모습
세트에 조명을 설치하기 위해 배튼이 하강하는 모습
숙직실에서 알람 시계를 끄고 뉴스 원고를 챙기는 아나운서의 모습
좁은 편집실에서 조연출이 당일 방송할 영상물을 편집하고 있는 모습

위 내용은 『방송 제작의 알파와 오메가』를 집필하고 머리말 서두에 쓴 글이다. 지금은 방송 환경이 바뀌어 제작 현장이 많이 달라졌다. 방송 제작에 대한 책을 새롭게 집필하게 된 것도 여러 이유가 있지만 가장 큰 것은 방송 제작 환경의 변화 때문이다.

우리나라에는 지상파 방송사를 비롯해 150개 이상의 케이블 TV가 방송을 송출하고 있고, 넷플릭스나 OTT 서비스에 프로그램을 공급하기 위해 수만 명의 방송업계 종사자들이 프로그램 제작에 참여하고 있다. 그리고 고등학교나 대학의 영상과 미디어 관련 학과에서 수많은 학생이 미디어 관련 업계로의 진출을 꿈꾸며 공부하고 있다.

특히 2019년 이후 BTS의 온라인 공연과 넷플릭스 드라마 '오징어 게임' 등의 영향으로 한국에서 제작한 방송 콘텐츠의 위상이 높아지고 있으며, 유튜브 등 개인 미디어의 발달로 영상 미디어와 프로그램 제작에 관한 관심은 날로 증가하는 중이다.

방송사에서 일하는 사람들을 떠올려 보면 기자와 PD, 그리고 아나운서와 카메라맨, 엔지니어 정도로만 생각하는 것이 일반적이다. 그리고 프로그램 연출자와 기자, 또는 아나운서와 같이 특정 업무에 관한 책은 비교적 다양하게 출판되어 있지만, 방송사에서 프로그램 제작에 종사하고 있는 수많은 제작 관련 스태프나 현업 종사자가 하는 일에 관해 기술한 책은 찾기가 쉽지 않다.

이 책은 방송 프로그램을 제작하고 있는 모든 현업 종사자의 이야기를 알기 쉽고 간결하게 다루었다. 방송 제작 업종에 종사하고 있는 방송사 직원 및 외주 제작사의 스태프와 프리랜서 등 다양한 직종의 방송 관계자를 직접 만나 인터뷰하고, 그들에게 전달받은 자료를 바탕으로 생생한 현장 실무 정보를 담고자 하였다.

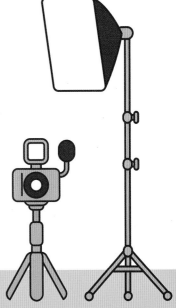

이 책의 특징은 다음과 같다.

첫째, 방송 직군을 9개의 업무 파트로 분류하였다. 이해를 돕기 위하여 방송사의 직제표와 다르게 업무를 영역별로 구분해 정리하였다.

둘째, 제작 업무의 가장 기본 양식이며, 프로그램 제작 시 모든 스태프와 출연자가 숙지하는 큐시트(진행표)에 대해 자세하게 설명하였다.

셋째, 현장 상황을 좀 더 직관적으로 이해할 수 있도록 해당 스태프와 필자가 직접 촬영한 제작 현장의 수많은 사진 자료를 선별하여 수록하였고, 사진마다 상세한 설명을 덧붙였다.

넷째, 제작 현장의 다양한 직군의 사람들을 직접 만나 인터뷰하고, 해당 업무에 관한 상세한 궁금증은 현장 실무자와의 질의응답 형식으로 구성하여 더욱 많은 현장 정보를 담고자 노력하였다.

이 책은 다음과 같은 독자에게 크게 도움이 되리라 본다.

첫째, 미래의 방송인을 꿈꾸고 관련된 직업을 탐구하는 모든 학생

둘째, 미디어 관련 학과로 진학하고자 하는 입시생

셋째, 대학의 영상이나 미디어 관련 학과에서 공부하는 대학생

넷째, 지상파나 케이블 방송사에 입사하고자 하는 취업 준비생

다섯째, 방송 제작 관련에 관심이 많은 일반인

　수십 개 파트 이상의 방송 제작 관련 업종에 관한 정보를 달라진 제작 환경과 새롭게 생겨난 직종까지 반영해 다루다 보니, 보다 깊이 있는 내용을 담지 못한 것 같아 아쉬운 마음이 든다. 그리고 신규 장비의 도입과 제작 기법의 발전으로 현장에서는 새로운 변수와 변화가 늘 발생하고 있기에 해당 업무에 따라 집필한 내용이 현장마다 조금 다를 수도 있으리라 생각한다. 제작 현장과 내용이 다소 차이가 있는 부분은 현장 제작 스태프의 넓은 이해와 양해를 구한다.

　향후 더 깊이 있는 세부 직종의 내용과 이번에 다루지 못한 업무 영역에 대해서는 다른 방송 현업인의 몫으로 남기고자 한다.

　이 책을 집필하는 데 많은 도움을 주신 분들, 인터뷰에 흔쾌히 응해주신 MBC 동료 선후배님들과 협력업체 감독님, 그리고 필요한 현장 사진을 촬영해 보내주신 수많은 제작 스태프들에게 지면을 빌어 다시 한번 감사 인사를 전한다. 끝으로 졸필을 잘 다듬어 멋진 책으로 만들어 주신 씨마스21의 관계자 여러분께 감사드리며, 이 책을 통해 방송 제작에 입문한 후배들을 현장에서 만날 수 있게 되길 소망한다.

저자 김태홍, 장익선

차례

차례

1장 방송 제작의 개요

방송 제작 과정은 협업과 소통의 과정이라 할 수 있다. 한 사람 한 사람의 정성과 노력, 시간이 모여 하나의 방송이 탄생하게 된다. 따라서 우리는 개인의 관점이 아닌 거시적인 관점으로 '방송 제작'이라는 업무에 다른 시각으로 접근해 볼 필요가 있다.

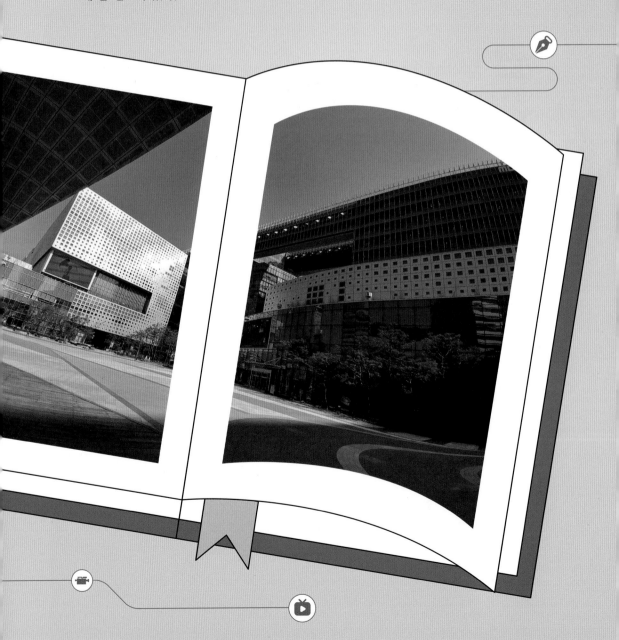

방송 제작

방송 제작의 틀 속에서 각자의 업무가 어떻게 상호 유기적으로 연결되는지를 이해하여 방송 산업에 대한 이해의 폭을 넓힌다.

방송 제작의 이해

최근의 방송 시장은 다양한 매체와 다채로운 채널, 플랫폼의 변화와 정보통신기술(ICT)과의 결합 등으로 크게 진화하며 많은 변화를 겪고 있다. 오늘날의 이런 급격한 변화는 기존의 방송 패러다임을 완전히 뒤바꾸고 있으며, 방송 영상 산업에 대한 폭발적인 수요를 창출하고 있다. 특히 ICT의 발전은 기술적인 측면뿐만 아니라 새로운 영역의 콘텐츠 생산에도 막대한 영향을 미치고 있다.

혹자들은 이러한 변화를 두고 TV 방송 시대의 종말을 논하기도 하지만 TV의 영향력과 사회적 인식, 가장 큰 콘텐츠 제작자인 방송사의 제작 능력은 여전히 그들에게 든든한 방어막이 되고 있다. 또한 콘텐츠 창작자이자 제작자인 방송 영상 산업 종사자들 역시 이러한 미디어 환경의 변화에 능동적으로 대처하며 그들의 역량을 더 강화하고 있다.

많은 학생들과 예비 방송인들, 심지어 이미 방송 제작에 참여하고 있는 방송 종사자들도 이런 급격한 변화에 대응하기 위해 많은 교육 기관과 사회적 장치를 통해 수많은 노하우와 탄탄한 제작 시스템을 갖춘 그들의 제작 역량을 배우면서 경험하고 싶어 한다.

현재 시중에는 이미 방송 영상 산업에 대한 호기심과 지적 욕구를 충족해 줄 많은 서적들과 자료들, 강의 등이 나와 있으나 새로운 시선으로 방송 전반을 다루어 줄 새로운 접근이 필요하다.

'방송 제작'을 명확히 정의하기는 힘들지만 여기서는 방송 콘텐츠를 생산하기 위한 일련의 모든 업무 과정이라 일반화하고 싶다. 방송의 제작 과정은 협업의 과정이고, 소통의 과정이라고 할 수 있다. 한 사람 한 사람의 정성과 노력, 시간들이 모여 하나의 방송이 탄생하게 된다. 따라서 우리는 개인의 관점이 아닌 거시적인 관점으로 '방송 제작'이라는 업무를 다시금 접근해 볼 필요가 있다.

다시 말해, 전체의 틀, 곧 시스템 속에서 개개인이 어떤 역할로 어떻게 일하는지, 그리고 그들이 서로 어떻게 소통하는지를 살펴볼 필요가 있다. 그 과정 속에 그들의 노하우와 진정한 실력이 담겨져 있기 때문이다.

🎬 방송 제작의 핵심

  방송 제작의 핵심은 미디어에 대한 이해력과 미디어 제작 역량에 있다. 그간의 저서들은 대부분이 연출자의 관점에서 프로그램의 제작 과정과 연출 노하우 등을 소개하거나, 한 분야의 전문 스태프로서 방송에 대한 기술 지식을 전달하는 목적의 연구가 대부분이었다.

  그러나 본 저서에서는 방송사에서 프로그램 제작에 참여하는 사람들의 인터뷰를 바탕으로 하여 방송 제작 과정과 그 과정 속의 각 담당자들의 역할과 업무, 소통 과정을 상세하게 소개한다. 또한 미래 방송인을 꿈꾸는 사람들에게 방송 제작의 틀 속에서 각자의 업무가 어떻게 상호 유기적으로 연결되는지를 보여 줌으로써 방송 산업에 대한 이해의 폭을 넓혀 보다 현실적이고 다양한 경험을 제공하는 데 그 차별성이 있다고 할 수 있다.

  필자는 본 저서가 빠르게 변화하는 방송 영상 산업에 대한 다양한 수요와 요구, 꿈과 열정을 키우는 학생과 사회 초년생, 다른 방송사의 시스템과 제작 과정을 궁금해 하는 방송인들과 미래의 방송 일꾼들에게 정확한 정보와 꿈을 키워 줄 수 있는 큰 밑거름이 될 수 있으리라 확신한다.

2장 연출 관련 업무

본 장에서는 방송 제작에 있어 가장 중요한 업무 중 하나인 연출에 대하여 다루어 본다. 라디오 제작은 6~7명의 작은 스태프로부터 드라마 제작은 100여 명 안팎의 스태프가 연출자와 함께 프로그램 제작을 진행한다. 그래서 연출 업무를 오케스트라의 지휘자라고 표현하기도 한다.

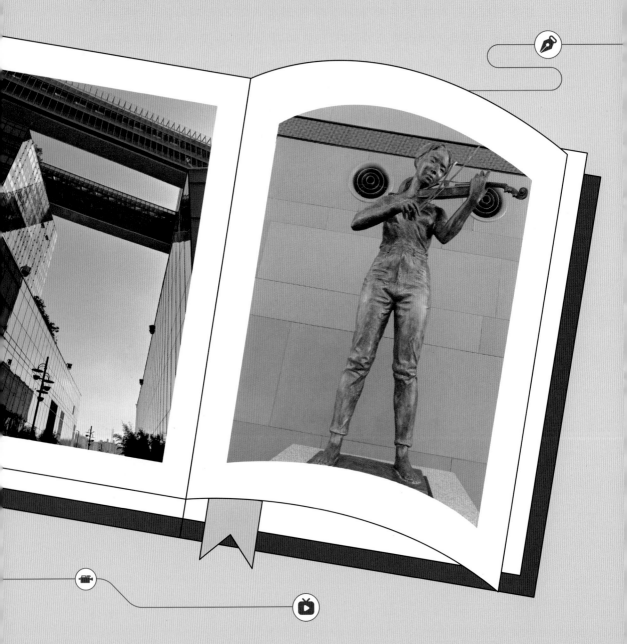

2···1 드라마 연출 업무

드라마 제작의 가장 기본 설계도는 시놉시스이다. 연출자는 작가가 집필한 시놉시스를 바탕으로 드라마의 골격을 만들어 나간다.

🦉 드라마 연출의 기본 업무

드라마 연출은 드라마 제작의 모든 것을 처음부터 끝까지 책임지는 업무를 말하며 오케스트라의 지휘자와 같은 역할을 말한다. 야외와 스튜디오 녹화 시 100여 명이 넘는 스태프를 구성하며 제작에 관한 모든 것을 총괄하는 역할을 한다.

드라마의 연출자는 제작 1년 전부터 작품 준비를 하는 것이 일반적이다. 방송사의 편성에 따라 어떤 형태의 드라마(미니시리즈, 금토 드라마, 주말 드라마, 일일 드라마 등)를 제작할지 정하게 된다.

드라마의 장르와 편성이 결정되면 작가를 정해야 한다. 방송사에서 매년 공모하는 신인 작가부터 기존의 프리랜서 작가, 소속사가 있는 작가 등 다양한 작가들 중 연출자가 구상하는 내용과 성향이 맞는지 고려하여 작가를 결정한다. 대체로 이전 작품에서 작업을 해 본 작가와 다음 작품도 함께 진행하는 경우가 있는데, 이는 작품을 함께 진행한 경험을 바탕으로 드라마 내용 전개 시 서로 다른 의견이 생길 때 시행착오를 줄일 수 있기 때문이다.

최근에는 방송사에서 외주 제작사나 해당 작가를 먼저 결정한 후 연출을 확정하기도 한다.

드라마 제작의 가장 기본 설계도는 시놉시스이다. 연출자는 작가가 집필한 시놉시스를 바탕으로 드라마의 골격을 만들어 나간다.

시놉시스는 보통 50쪽 내외 분량으로 드라마의 전반적인 내용과 연기자의 캐릭터 등을 살펴볼 수 있다. 연출자는 제작 전에 드라마를 함께 할 스태프에게 시놉시스를 숙지하게 하고 해당 모든 스태프가 자신의 파트에 맞는 드라마의 설계를 구상하게 한다.

드라마가 편성되는 요일과 시간대는 드라마의 제작 형태와 성패에 중요한 요인이 되기도 한다. 방송사에 드라마가 편성된다는 것은 운동 선수가 대진표를 받는 것과 마찬가지 의미이다. 편성이 중요한 이유는 같은 시간대에 타사에 어떤 드라마가 편성되느냐에 따라 작가나 예산 등 연기자의 구성에 많은 차이가 생기기 때문이다.

드라마 연출의 입문

드라마 연출은 6~8년 정도의 조연출 생활을 하면서 입문을 하게 되는데, 방송사에서는 연출의 첫 시작을 '입봉'이라고도 한다. 처음에는 연속극의 야외 촬영 연출부터 시작하는 편이고 60~80분짜리 단막극이나 아침 또는 일일극으로 시작하기도 한다.

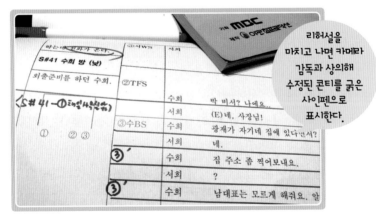

✏️ **연출자 수정 콘티 대본**

연출자에게는 리더십과 판단력뿐만 아니라 예술적인 감수성 또한 중요하기 때문에 작품이 없을 때는 새로운 드라마 구상을 위하여 다양한 책을 읽고 국내외 여행을 통하여 영감을 얻기도 한다.

방송 콘티 대본에 연출자가 연기자나 스태프의 이해를 돕기 위하여 그림으로 그린 모습이다.

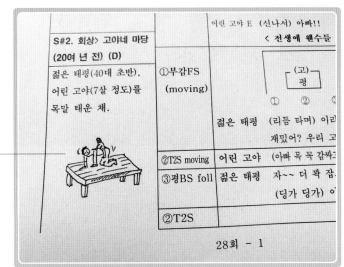

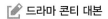
드라마 콘티 대본

콘티의 구성이나 야외 촬영 시 참고하는 자료로, 드라마 종영까지 부착해 활용한다.

연출자의 책상 위에 비치된 해당 드라마 야외 현장 사진

드라마 리허설 모습

해당 드라마의 연기자와 모든 스튜디오 스태프가 참여하여 연기자의 동선을 체크해
각자 자기가 해당되는 파트의 준비나 기술적인 내용을 녹화 전까지 체크한다.

스튜디오 내에서 ENG 카메라로 촬영 중인 현장 모습

오른쪽이 연출자이고 왼쪽이 스크립터이다. 스튜디오 제작 현장의 특징은
연출자가 모니터를 보면서 연기자에게 연기에 대한 주문이 즉석에서 가능하다.

🎬 드라마 조연출의 기본 업무

드라마 조연출은 드라마 제작 현장에서 연출자와 함께 처음부터 끝까지 프로그램의 모든 것을 관장하고 연출자를 보좌하는 관리 업무를 담당한다. 연출자가 녹화 시 필요한 모든 것을 가능하게 하고 모든 것을 준비한다. 경우에 따라서 연출의 부재 시 녹화 업무의 일부를 진행하기도 한다.

드라마 연출자와는 드라마 시작 2~3개월 전부터 마지막까지 녹화와 편집까지 함께하며, 제작을 하면서 발생하는 각종 민원에 대한 창구 역할을 연출을 대신해 진행하기도 한다.

드라마에서 연출과 조연출은 흔히들 '동반자' 또는 '애인'처럼 지내야 한다는 말이 있듯이 조연출은 연출의 심리나 건강 등 세세한 부분까지 살펴보며 미리 준비하고 대처해 나가야 한다. 왜냐하면 연출자의 작은 움직임이 드라마 제작 전반에 상당한 영향을 미치기 때문이다.

드라마 제작에서 연출하는 방법은 일정한 이론이나 짜여진 틀이 아니라 많은 경험이 있는 선배 연출에 의한 '도제 시스템'에 의해 전수되기도 한다. 특히 드라마 제작 여건이나 연출자의 지시로 야외 녹화의 일부를 연출하기도 하며 스튜디오 녹화의 일부를 진행하기도 한다.

🎬 드라마 조연출의 입문

드라마 조연출은 일반적으로 대학을 졸업한 사람이나 타방송사에서 일정 이상 경력을 쌓은 사람이 입문을 하게 되는데, 연출 업무와 특별히 관련된 학과는 없으며 드라마에 대한 이해도와 방송에 대한 열정을 더 중요시 여기기도 한다. 드라마 연출의 입문에서 중요한 덕목은 수십 명의 스태프, 연기자와 함께하는 제작 현장에서 상대방을 배려하는 자세이다.

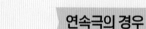 드라마 조연출의 기본 업무 과정

연속극의 경우

- 야외 제작 스케줄 관리
- 야외 촬영 시 이동 거리와 시간 체크
- 연기자의 스케줄과 녹화 일정 관리
- 녹화 시 특수 장비 사용 여부 체크
- 미술 디자이너에게 스튜디오 세트 의뢰
- 스튜디오 녹화 당일 세트 마감 확인
- 연기자 대본 리딩 참석
- 스튜디오 녹화 스케줄에 대한 점검
- 보조 출연자에 대한 녹화 시간 체크
- 녹화 시 필요한 소도구 등에 대한 사전 체크
- 스튜디오 녹화 진행
- 1차 편집실과 편집 과정 확인
- 특정 브랜드 CG 작업 의뢰
- 완제품 편집 진행

스튜디오 세트 회의 장면

본녹화 전날, 세트 점검하는 과정 중 보다 나은 세트와 영상을 위하여 연출자와 조연출 등의
연출팀과 조명 감독 및 미술팀이 회의를 하고 있는 모습이다. 이때 여러 스태프가 의견을 모아
협의해 시행착오를 줄이면서 보다 합리적인 방안을 도출하기도 한다.

드라마 진행(FD) 업무

FD는 드라마 제작 진행의 전반적인 관리 감독을 하여, 드라마 제작의 '숨은 꽃'
이라고 할 수 있다.

🎬 FD의 기본 업무

　FD는 드라마 제작에 연출과 조연출이 관여하지 않는 모든 일에 대해 처음부
터 끝까지 관리 감독하는 업무를 담당하며, 드라마 제작의 '숨은 꽃'이라고도
말할 수 있다. 드라마의 시놉시스 파악과 연출에 의해 기본적인 스태프가 구성
되면 녹화의 전반적인 스케줄과 연기자, 야외 스태프에 대한 연락과 분장, 의
상, 헤어 등의 전반적인 관리도 함께 진행한다.

　드라마에서 FD는 'Field Director 또는 Floor Director(진행 감독)'로 부르
기도 하는데, 연출자와는 대략 드라마 시작 2~3개월 전에 첫 미팅을 갖고 연
출자로부터 팀장급 FD가 선임되면 하부 조직은 신임 팀장 FD가 구성하는 편
이다.

　일일 연속극이나 주말극의 경우는 5명 내외로 구성되며, 2팀으로 동시에 촬
영이 진행될 경우 3명이 추가되어 8명으로 구성한다. 대하 사극의 경우는 현대
극보다 야외 촬영과 많은 연기자와 스태프가 필요하기 때문에 2명 정도 많은
FD로 구성하기도 한다.

🎬 FD의 주요 업무

FD의 임무 중의 가장 중요한 일은 야외 스케줄의 관리와 스튜디오 녹화 진행인데, 이는 진행을 어떻게 하느냐에 따라 녹화의 분위기나 연기자의 감정이 좌우되기도 하기 때문이다.

녹화를 시작하기 전에 정리된 큐시트(진행표)에 대한 흐름은 정확하게 구성되어 있는지, 다소 문제가 있으면 어떻게 해결할 것인지에 대한 1차 판단을 조연출과 상의하여 결정해야 하고 이후 신속하게 처리해야 한다.

스튜디오 녹화의 진행은 조연출과 FD가 교대로 진행하며 보조 FD는 스튜디오와 대기실의 연기자와 연락하며 녹화에 임한다.

FD는 방송 관련 학과나 아카데미를 수료한 사람, 그리고 방송 제작에 이해와 열정이 많고 원만한 성격과 배려심이 많은 사람이 유리한 편이다.

🎬 FD의 기본 업무 과정

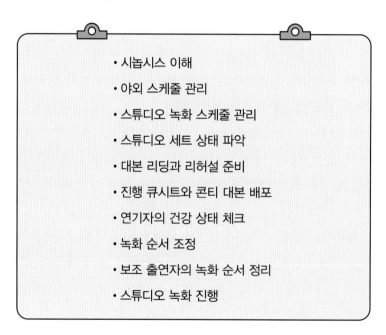

- 시놉시스 이해
- 야외 스케줄 관리
- 스튜디오 녹화 스케줄 관리
- 스튜디오 세트 상태 파악
- 대본 리딩과 리허설 준비
- 진행 큐시트와 콘티 대본 배포
- 연기자의 건강 상태 체크
- 녹화 순서 조정
- 보조 출연자의 녹화 순서 정리
- 스튜디오 녹화 진행

✎ 드라마 녹화 장면

FD가 대본을 보며 연기자에 큐사인을 보내고 있다.

✎ 카메라 옆의 진행 감독

드라마 녹화 시 FD는 카메라나 마이크 붐대 그리고 조명이 설치된 곳을 피하면서 연기자에게 가장 좋은 위치에서
큐사인을 주어야 하기 때문에 위치 선정이 중요하다. 그리고 가장 상태가 좋은 인터컴을 사용해 부조정실의 연출자와
항상 긴밀한 대화를 하면서 스튜디오의 연기자나 스태프에게 큐사인 등을 전달해야 한다.

드라마 FD 업무 알아보기

☆ 방승민 드라마 진행 감독

FD는 무슨 일을 하나요?

드라마 제작 현장의 조율과 연기자의 기본적인 관리, 그리고 스튜디오 및 야외 제작 환경에서 전반적인 진행을 담당하는 업무입니다.

FD가 가장 중요하게 여기는 업무는 무엇인가요?

드라마 제작 시 전체적인 스케줄을 구성하고 제작이 원활하게 진행될 수 있도록 관리하는 것입니다.

FD의 정확한 명칭은 무엇인가요?

스튜디오 제작 분량이 많을 때는 'Floor Director'라고 했으나 최근에는 야외 녹화가 많이 진행되어 현장에서 통용되는 명칭은 'Field Director'라고 합니다.

팀은 어떻게 구성되어 있나요?

작품에 따라 다르지만, 제작 현장은 5명을 기본으로 한 팀을 구성합니다. 한 드라마가 두 개의 팀(A, B팀)을 운영할 경우 다른 팀(B팀)은 3명으로 구성해 총 8명을 투입합니다.

FD의 드라마 제작 합류 시기는 언제인가요?

요즘에는 사전 제작 시스템으로 제작하는 경우가 많아 방송 5~6개월 전에 첫 촬영을 하고, FD 팀장은 촬영 2~3개월 전(방송 시작 9개월 전후)에 참여합니다. 합류 후 연출팀과 함께 제작에 관한 여러 논의를 거쳐 모든 캐스팅이 끝나면 전체적으로 제작 스케줄을 조율합니다. 나머지 하부 진행 스태프는 촬영 한 달 전에 합류합니다.

▷▷▷

드라마 제작 시 FD는 언제 생겼나요?

MBC의 경우 80년대 초반부터 스튜디오에서 조연출을 보좌하는 FD가 있었습니다. FD 전문팀이 생긴 이후 스튜디오에서 연출의 큐사인을 전달하는 전문 FD는 없어졌으나, KBS의 경우 드라마 제작 시 아직도 전문 FD가 스튜디오 녹화를 진행하고 있습니다.

최근에 새롭게 생겨난 스케줄러는 무슨 일을 하는 사람인가요?

연출팀은 야외 조연출과 스케줄러, FD로 구성하는데, 스케줄러는 야외보다는 내부에서 드라마 제작의 전반적인 스케줄을 진행합니다. 드라마 조연출로 입사하면 이 업무를 맡기도 합니다.

수년 전보다 드라마 연출팀의 스케줄이 세분화되고 있는 이유는 무엇인가요?

주당 52시간의 근로시간이 적용되고, 더욱 완성도 있는 드라마를 제작하기 위해 사전 제작 시스템이 도입되면서 연출팀의 업무가 세분화되기 시작했습니다. 일부 영화 스태프가 드라마 제작에 합류함에 따라 영향을 받은 이유도 있습니다.

당일 녹화 현장에서 녹화 시간이 초과할 때에는 어떻게 처리하나요?

기본적으로 협상에 대한 창구는 중간급 스태프(제작 시 현장의 목소리를 많이 못 내는 스태프)가 참여해서 근무 연장에 관해 결정을 하게 됩니다.

스케줄을 정리할 때와 신 정리 시 무엇을 최우선으로 하나요?

드라마마다 다소 차이는 있지만, 첫 번째로 배우의 스케줄을 가장 먼저 확인해야 합니다. 둘째는 야외에서 사용할 미술 관련 용품(소품)입니다. 하나라도 빠지면 녹화 진행이 안 되기 때문입니다. 세 번째는 날씨 정보 등을 확인해 실내와 야외 녹화에 대한 스케줄을 짜야 하고, 마지막으로는 촬영 장소의 이동 거리 등을 최소화하는 등의 확인이 필요합니다.

드라마 시작 전 전체 사전 답사에 FD도 참여하나요?

네, 연출자가 의도하는 느낌이나 촬영지의 주변 조건을 확실하게 파악해 녹화 시 발행하는 시행착오를 줄이기 위해 참여합니다.

이 업무의 가장 힘든 점은 무엇인가요?

FD는 주로 사람(연기자, 매니저, 스태프 등)을 상대하는 업무이기에 육체적인 어려움보다 정신적인 스트레스가 많은 편입니다. FD가 소속된 연출팀은 너른 마음을 가지고 다른 스태프를 포용하는 자세를 가져야 한다는 철학이 있어야 합니다.

이 업무를 숙지하기 위해 걸리는 시간은 얼마인가요?

개인차는 있지만 6~7년 정도 일을 하면 메인 FD를 할 수 있습니다.

이 업무에 필요한 전공이 있요?

기본적으로 드라마를 좋아해야 합니다. 기초적인 방송 관련 용어나 드라마 제작 작업의 흐름(워크플로우)을 조금이라도 알고 있으면 유리합니다.

📝 **대본 연습실의 각 드라마 안내문**

일반적으로 대본 리딩은 녹화 당일 오전에 진행하는데, FD는 대본 연습실의 섭외와
연기자 대기실 등을 미리 체크하고 안내문을 부착해야 한다.

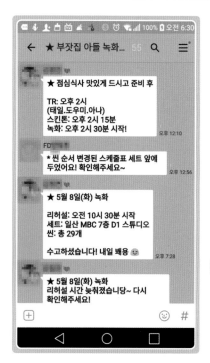

FD가 운영하는 단톡방

스튜디오에서 진행되는 모든 사항과
시간을 메신저를 통해 공지하여 모든
스태프와 연기자 또는 매니저 등이 녹화에
대한 준비를 하도록 한다.

대본과 큐시트를 준비 중인 FD

드라이 리허설 전 스튜디오 입구에 당일 제작할 콘티 대본과
큐시트를 비치해 신속하게 녹화 준비를 진행한다.

드라마 스크립터 업무 알아보기

☆ 이소영 스크립터

스크립터는 어떤 일을 하나요?

대본의 전체적인 흐름을 체크하고 제작 현장에서 연출자가 말하는 내용을 모두 정확하게 기록해 편집자에게 전달하는 일을 합니다.

드라마에서 스크립터가 왜 필요한가요?

스크립터가 없으면 편집자와의 소통이 제대로 안 되고 현장에서 진행되는 연출자의 의중을 정확하게 전달할 수 없기 때문입니다.

스크립터의 일은 어떻게 맡게 되나요?

프리랜서와 비슷합니다. 연출자의 인맥으로 일을 맡게 되거나, 제작사에서 연락이 오기도 합니다. 신입의 경우는 선배 스크립터의 추천으로 입문하기도 합니다.

드라마 촬영 기간 중 언제 참여하나요?

일반적으로 촬영 개시 1.5~2개월 전부터 참여해 준비합니다.

스크립터도 촬영 전 종합 헌팅을 하러 가나요?

드라마의 내용마다 차이가 있으나, 보통 답사에 참여해 현장 스케치와 연출자의 의중을 파악합니다.

녹화 시 연출자의 무엇을 주로 메모하나요?

카메라 앵글과 사이즈를 중심으로 메모합니다.

2대 이상의 카메라를 동시에 사용할 경우, 메모는 어떤 방법으로 하나요?

스크립터마다 표현 방법이 다릅니다. 기호로 표시하는 방법(○는 카메라 1번, □는 카메라 2번, △는 카메라 3번 등으로 분류)도 있습니다.

편집자와의 소통은 어떤 방법으로 하나요?

카카오톡이나 밴드 같은 메신저로 소통합니다. 현장에서 궁금한 내용이 있으며 편집자에게 가편집 영상을 촬영 현장으로 보내 달라고 하여 참고하기도 합니다.

스크립터의 대본은 편집자에게 어떻게 전달하나요?

촬영 현장에서는 작은 사이즈의 통 대본(일일극의 경우 한 권에 5편이 묶어진 대본)을 사용합니다. 최근에는 PDF 형식의 대본 파일을 태블릿 등에 탑재해 사용하고, PDF 파일에 체크한 대본을 그대로 편집자에게 전송합니다.

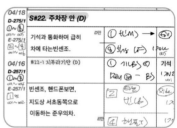

종이 대본에 필요한 내용을 메모하던 방식에서 PDF 대본 파일을 내려 받아 체크한 다음
SNS 메신저로 편집자에게 바로 전송하는 방식으로 바뀌었다.

연기자의 의상과 소품도 스크립터가 체크하나요?

의상이나 소도구 팀이 기본적으로 체크하지만, 스크립터가 함께 체크하기도 합니다.

스크립터는 어떻게 입문하나요?

관계자의 소개로 입문하는 편입니다. 고참 스크립터 아래서 드라마 한 편 정도(5개월 내외)의 훈련을 받아야 하며 이때 본인의 능력을 키워야 합니다.

스크립터 업무에서 다른 분야로 이직하는 경우도 있나요?

스크립터는 대부분 야외에서 일을 하므로 실내에서 일하는 편집자로의 이동이 가장 많습니다. 드라마 제작사의 제작 PD로 이직하기도 합니다.

쇼, 예능 연출 업무

쇼 연출자는 시청자들에게 새로운 무대를 선보이기 위해 독창적이고 새로운 아이디어로 자기만의 감각을 살린 프로그램을 구상한다.

🎬 쇼, 예능 연출의 기본 업무

방송의 쇼, 예능 연출자는 프로그램의 기획, 제작, 관리 등을 총괄하는 업무를 담당한다. 최근에는 플랫폼과 채널이 다양해지고 경쟁이 심화되면서 이들의 업무는 고전적인 업무를 넘어서서 프로그램의 브랜드 관리 및 홍보, 유통, PPL 관리부터 광고까지 역할이 더 넓어지고 다양해지고 있다.

방송의 쇼 연출자는 예능 PD 중 쇼 프로그램을 배정받아 연출을 담당하며, 쇼 프로그램을 기획하고 제작한다. 또한 출연진과 무대, 조명, 카메라 등의 모든 시스템을 다른 제작진들과 토의해서 결정한다.

쇼 연출자는 시청자들에게 신선한 프로그램과 무대를 선보이기 위해 독창적인 아이디어와 창의성, 리더십, 빠른 결정 능력 등이 요구된다. 그리고 새롭게 선보이는 음악과 타 방송사의 모니터링을 통하여 자기만의 감각으로 쇼에 대해 구상하기도 한다.

🎬 정규 예능 편성 프로그램 제작 과정

정규 편성에 앞서 새로운 아이템과 포맷을 가지고 제작한 샘플 프로그램을 파일럿 프로그램이라 한다. 파일럿 프로그램은 보통 방송 3개월 전에 프로그램의 기획과 아이템 개발로 시작하며, 작가와 조연출을 비롯한 연출팀을 꾸려 아이템을 발전시켜 나아간다. 기획과 구성, 대본이 완벽히 준비되면 촬영을 시작하고 방송 2주 전에 촬영을 완료하게 된다.

촬영을 완료한 후 자막과 종합 편집 과정을 거쳐 시사회를 거치고 나면 하나의 프로그램이 완성되어 드디어 방송하게 된다. 이후 시청자들의 반응을 거쳐 해당 프로그램이 정규 편성된다.

▶ 정규 편성된 프로그램의 업무 절차 예시

1일차 | 전일 방송 모니터링 및 구성 회의

2일차 | 편집 회의

3일차 | 장소 답사 및 새 아이템 선정

4일차 | 아이템 발전 및 금주분 자막 및 편집 준비

5일차 | 금주분 녹화 준비

6일차 | 최종 편집 및 완제품 제작

7일차 | 녹화 및 지난주 녹화분 방송

왼쪽이 연출자이고 오른쪽이 기술 감독이다.

📝 쇼 프로그램을 연출하고 있는 모습

앞에서 살펴본 바와 같이 연출자는 매주 새로운 녹화를 위한 준비와 미리 녹화된 촬영분을 가지고 방송 준비를 동시에 진행해야 하기 때문에 업무에 관해 많은 관심과 노력이 필요하다. 이렇게 매주 반복되는 프로그램 제작을 위해 연출자들은 일반적으로 팀을 구성하며, 그 구성 내용은 다음과 같다.

편집팀 녹화분에 대한 가편집을 담당하며, 일반적으로 조연출로 구성된다.

진행팀 생방송 혹은 프로그램 제작을 위한 제반 준비를 담당하며, 제작 시스템을 위한 사내 연락을 담당한다.

기획팀 아이템 선정과 구성 및 대본, 출연자 관리 등을 담당한다.

마케팅팀 광고, 홍보, 브랜드 관리 등을 담당하며 외주를 주기도 한다.

🎥 쇼, 예능 연출 업무의 차이점

방송 쇼, 예능 연출에 있어 업무의 차이점은 쇼는 기획과 구성에 의한 업무 절차가 예능보다 명확하고, 협업 구성을 위한 조율과 각 파트가 최선의 노력을 다할 수 있도록 업무에 대한 균형 조정이 연출의 가장 큰 역할이다. 반면 예능 연출은 연출의 역량이 포스트 과정, 즉 편집에 집중되어 있다.

방송 쇼, 예능 연출자가 되기 위해서는 다양한 경험과 창의성, 통찰력 등이 요구되며, 그 결과물이 대중들에게 쉽게 전달되므로 사회에 대한 대표성과 책임감을 가질 수 있는 자세가 필요하다.

🎥 쇼, 예능 연출자의 필요 역량과 입문

방송 쇼, 예능 연출자가 되기 위해서는 다양한 경험과 창의성, 통찰력 등이 요구되며, 그 결과물이 대중들에게 쉽게 전달되므로 사회에 대한 대표성과 책임감을 가질 수 있는 자세가 필요하다.

연출의 입문은 기존에는 해당 학과 혹은 관련 학과 전공자들이 방송사 공채를 통해 방송사에 입사하여 연출자가 되었으나, 최근에는 학력이나 전공의 제한 없이 응모의 기회가 주어지고 있다. 그러므로 자신이 목표로 하는 방송사가 요구하는 인재상에 부합하는 항목들을 갖추는 것이 더욱 중요하다.

🎥 예능 조연출의 업무와 입문

조연출의 기본 업무는 연출이 프로그램을 꾸리는 데 있어 필요한 업무를 돕고 보조하는 역할이다. 주로 촬영 내용을 편집하는 과정을 담당하며, 가편집 및 시사회 회의, CG 의뢰 및 자막, 배경, 효과, 사운드 믹싱 등의 과정을 통해 완제를 만들기 위한 일련의 전 과정에 참여하게 된다.

조연출은 이러한 과정의 반복과 학습을 통해 프로그램의 기획 과정과 시스템의 숙련도를 높이게 되며 일정 시간 후에 본인의 기획을 가지고 연출로 입봉하게 된다.

📝 〈무한도전〉 Expo의 야외 제작 현장

📝 중국판 〈복면가왕〉의 현장 회의 모습

MBC가 중국에 판매한 프로그램으로 연출과 조명이 현지 제작에 참여하였다.
연출은 프로그램 제작 시 발생하는 많은 돌발적 상황에 대해 리허설 등을 통해 이를 사전에 예측하고 대처한다.
또한 이러한 문제를 해결하기 위해 수시로 현장에서 회의를 진행한다.

✏️ MBC 〈라디오 스타〉 부조정실 연출 장면

〈라디오 스타〉나 기타 예능 토크 제작 시 메인 연출은 스튜디오에서
직접 진행하는 편이고 조연출 등은 부조정실에서 연출을 한다.

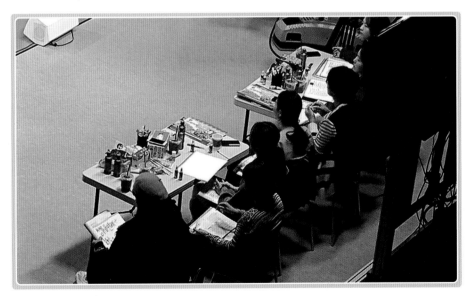

✏️ MBC 〈라디오 스타〉 스튜디오에서 녹화 진행을 하고 있는 연출진

메인 연출과 메인 작가가 스튜디오에서 녹화 장면을 보면서 즉석에서
MC나 출연자 등에게 직접 큐사인을 보내 보다 재미있고 감동적인 토크를 유도하기도 한다.

쇼 프로그램 연출 업무 알아보기

☆ 김선영 MBC 예능국 PD

<쇼 음악중심> 프로그램의 연출 과정의 궁금합니다.

D-12

다음 주에 제작할 세트 사전 녹화에 출연할 팀을 선정합니다. 사전 세트 제작을 원하는 팀은 주로 컴백이나 데뷔 등의 이슈가 있는 팀인데, 콘셉트에 맞는 세트 연출이 필요한 무대에 한해 두 세 팀을 선정한 다음 사전 녹화 세트를 제작합니다.

D-10,11

메인 작가와 협의해 세트 디자이너가 구성한 사전 세트 도면을 보고 수정할 부분은 보완합니다. 기본 세트에 대해서도 정리하는 회의를 진행합니다.

D-5

생방송에 출연할 팀의 캐스팅을 결정하는 날입니다. 인스타그램으로 출연팀을 신청받습니다. 코로나 이전에는 아티스트의 매니저나 기획사 담당자가 연출팀과 직접 대면해 가수를 홍보하는 시간을 가졌으나 코로나 이후에는 전화 통화 등의 비대면 방식으로 '페이스 미팅'을 가집니다.

아티스트의 담당자는 연출팀에게 출연을 전제로 여러 가지 요청과 특이 사항(컴백 및 데뷔 ID, 컴백 및 데뷔 인터뷰 요청, 인트로 및 서브곡 요청, 사전 녹화 요청 등)을 자세하게 설명합니다.

이렇게 D-5에 1차 아티스트 캐스팅을 완료하고 생방송 당일의 타임 테이블을 제작합니다.

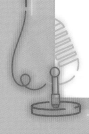

D-4

〈쇼 음악중심〉에 출연하는 최종 출연팀은 17~19팀 정도로 화요일 오후에 캐스팅이
확정된 소속사에 통보합니다.
화요일 오전에는 변경된 내용을 토대로 타임 테이블을 다시 제작해 전체 스태프 회의
를 진행합니다. 회의 참석자는 연출, 작가, 세트 디자이너, 조명 감독, 카메라 감독이고, 생
방송 당일 전체적인 제작에 대한 진행 과정과 무대별 중요 포인트를 파트별로 교환합니다.

D-1

생방송의 원만한 진행을 위해 무대 감독(FD)과 전체적인 진행 회의를 합니다. 금요일까지
완성된 콘티와 큐시트를 FD에게 자세하게 설명하고, 사전 녹화나 생방송 시 사용할 특수
효과에 대해서는 특수 효과 감독과 상의해 해당 무대의 콘셉트와 가장 어울릴 특수 효과(꽃
가루, 에어 캐논, 아이스백, 불기둥, 버블 등)를 정합니다.

잠깐!! 쇼 연출자의 콘티 구성 업무

콘티 작업은 캐스팅과 더불어 음악 방송 PD의 가장 큰 업무이자 일주일의 대부분을
차지하는 기본 업무입니다.
가사지의 콘티는 카메라가 잡아야 하는 인물의 사이즈(풀샷, 그룹샷, 니샷, 바스트샷),
각각의 카메라 무빙(스테디 및 짐벌, 탑샷 사용 여부, 달리 방향 등), 조명 변화(인트로,
엔딩, 댄스 브레이크 등 구간별 조명 연출 등) 등 연출자의 의도가 자세하게 기록되어
있고, 각 팀과 공유해야 하는 내용이 집약되어 있습니다.
완성된 콘티는 기획사에서 온 안무 영상과 함께 작가, 조명, 카메라 등 각 팀에 공유합
니다. 해당 스태프는 PD가 짠 콘티와 안무 영상이 잘 조화되는지 확인하며 이에 대한
의견을 수시로 전달합니다. 디테일한 수정을 거쳐 완성도를 높이고 금요일에 특수 효
과까지 표기하면 최종 버전이 확정됩니다.

생방송 당일 오전에는 어떤 업무를 하나요?

생방송 당일은 카메라팀과 카메라 동선에 관한 간단한 스태프 회의(콘티 수정 등)를 시작으로 하루 일과가 진행됩니다. 새벽 6~7시에 첫 번째 사전 세트 녹화를 진행하며, 그 후 다시 두 번째 사전 세트 제작 및 철거 등의 과정을 반복해 사전 세트 녹화와 별도 세트가 없는 사전 녹화 일정을 오전에 먼저 마무리합니다. 점심시간 이후에는 오디오 위주의 음악 리허설, 실제 생방송처럼 착장한 상태로 무대에서 MC 멘트까지 쭉 이어서 연결해보는 카메라 리허설이 진행됩니다.

생방송은 어떻게 진행되나요?

연령 고지부터 연출자의 큐사인으로 시작하는 생방송은 스튜디오에서 카메라 감독이 잡은 샷을 부조정실의 기술 감독이 스위칭(cut)하는 것으로 제작하며 사고 방지를 위해 '5분 딜레이' 방송으로 진행됩니다.

연출자 옆에는 스코어 리더(score reader)가 함께하며, 스코어 리더는 무대가 콘티대로 진행되고 있는지와 생방송이 큐시트 대로 운행되고 있는지 확인합니다.

 MBC 생방송 〈쇼 음악중심〉 음악 리허설 장면

생방송 당일 오전의 모습으로, 무대 앞쪽의 테이블에 연출자와 작가 그리고
카메라 감독이 음악 리허설을 보면서 가수의 동선을 파악하고 준비한다.

2-4 쇼, 예능 진행 업무

쇼에 있어 진행(무대) 감독은 기획 회의를 통해 PD, 작가들과 협업하여 녹화 및 생방송을 위해 스태프들과 시스템을 구성하고, 연출진과 제작 스태프 간의 연결을 담당하며, 진행 전반에 대한 모든 것을 점검하고 준비한다.

🎬 쇼, 예능 진행의 개요

쇼 진행 업무는 크게 무대 감독(FD)과 진행 보조로 이루어진다. 무대 감독은 쇼 프로그램의 현장 진행의 제반 업무를 담당하며, 각 분야의 제작 시스템 및 스태프의 이상 유무를 점검한다. 또한 원활한 녹화 및 생방송을 위한 준비와 진행을 총괄하며 진행 보조들의 역할을 지정한다.

🎬 무대 감독의 기본 업무

무대 감독은 프로그램의 원활한 진행을 위해 많은 스태프와 동시에 소통하며 무대에서 발생 가능한 많은 문제를 미리 진단하고 대처한다.

녹화 시 그들의 주요 업무는 아래와 같다.

① 연출, 스태프, 출연자 간의 소통을 담당한다. 부조정실과 스튜디오 간의 공간적, 물리적 이유로 이를 정리 및 전달하고 총괄하는 역할을 담당한다.

② 촬영에 관련된 제작 시스템의 이상 유무를 판단하여 촬영에 지장이 없도록 하며, 문제 발생 시 판단하여 개선 혹은 수정 방안을 제시한다.

③ 무대 상황에 따른 출연자의 컨디션 체크와 기획에 맞는 무대 구성을 위해 출연자와 조율을 담당하게 된다.

④ 관객에게 쾌적한 관람 환경을 제공하기 위해 오디오 및 시야 확보, 안전 등을 점검한다.

▶ 무대 감독의 업무 진행 과정

1 기획 회의
▼
2 제작 스태프 및 시스템 구성 점검
▼
3 제작 회의
▼
4 사전 점검 사항 체크
▼
5 녹화 진행
▼
6 데이터 관리

쇼에 있어 무대 감독은 기획 회의를 통해 PD, 작가들과 협업하여 원활한 녹화 및 생방송을 위해 필요한 스태프들과 시스템을 구성하고, 연출진과 제작 스태프 간의 연결을 담당하며, 진행 전반에 대한 모든 것들을 점검하고 준비하는 역할을 한다.

현재까지 방송 쪽의 무대 감독이 되기 위한 대학의 전문 과정이나 아카데미의 이수 과정은 존재하지 않는다. 대부분 해당 회사에 입사하여 현장에서 업무를 배우고 체험하는 과정을 통하여 성장하게 된다.

😀 예능 진행 업무

예능 진행 업무는 메인 진행 감독과 진행 보조로 이루어진다. 메인 진행 감독은 연출의 의도를 파악해 시스템의 가능 여부를 판단하고, 이를 구체화시키기 위한 제반의 준비 등을 담당한다.

메인 진행 감독은 스태프의 관리와 시스템 진행 상황을 체크하는 역할을 하고 진행 보조는 이에 필요한 각종 업무를 보조하게 된다.

진행 보조는 프로그램의 내용과 규모에 따라 2~5명으로 구성된다. 프로그램과 관련된 많은 관계자들과 상대하기 때문에 밝은 성격과 정확한 시간 개념이 요구된다. 이뿐만 아니라 리얼 버라이티 등 예능 특성상 급격히 바뀌는 상황에 따른 판단 능력과 바른 대처 능력 등이 요구된다.

▶ 쇼, 예능 진행 업무 담당 시 점검 사항

> 스태프 및 출연자의 스케줄

> VPB 및 녹화 소스 관리

> 출연자들의 동선 및 대기실 정리

> 각 시스템의 이상 유무 점검

> 소품 준비

> 관객 입장 및 관람, 퇴장 관련

🎬 진행 보조의 기본 업무

프로그램의 성격과 규모에 따라 차이가 있긴 하지만, 일반적으로 진행 보조는 부조 담당과 진행자 담당, 무대 담당(상하수 담당), 출연자 담당, 데이터 매니저, 업무 보조로 이루어져 있다.

주요 업무는 아래와 같다.

① **부조 담당**: 부조정실에서 요구되는 각종 테이프와 큐시트, 가사지, 진행표, 콘티 등 담당

② **무대 담당**: 각각 상하수로 나뉘어 무대의 변환과 진행에 따른 보조 역할

③ **출연자 담당**: 출연자들의 관리와 스탠바이 담당

④ **데이터 매니저**: 방송 전후 필요한 영상 소스 담당

쇼 진행 무대 감독(FD) 업무 알아보기

☆ 송선영 제리컴퍼니 대표

쇼, 예능 프로그램의 진행팀이 필요한 이유는 무엇인가요?

예능 프로그램 제작 시 필요한 소도구를 비롯한 각종 물품을 준비하고 다른 스태프를 지원하기 위함입니다. 전체적인 스태프를 관리하는 총괄 운영팀이 필요하며, 지상파의 경우 조연출이 촬영 현장에 나가지 않기 때문에 외주 FD팀이 필요합니다.

조연출과 FD의 업무 관계는 어떻게 되나요?

조연출은 편집(80%)과 야외 촬영(20%)이 주 업무이며, FD는 현장 진행이 주 업무입니다.

MBC <쇼 음악중심>에 참여하는 FD의 인원은 몇 명인가요?

스튜디오 현장에서 진행하는 10명의 인원과 당일 사전 녹화 편집 요원으로 5명의 인원이 추가되어 총 15명이 근무합니다.

방송 전일 음악방송 담당 FD팀의 주 업무는 무엇인가요?

연출자와 다음날 제작에 대해 회의를 합니다. 전반적인 생방송 구성 회의를 마친 후 연출자의 콘티가 표시된 가사지와 촬영에 사용할 소도구 등 진행에 필요한 물품을 준비합니다.

음악방송 생방송 때 FD가 가장 중요시하는 것은 무엇인가요?

출연할 가수 등이 스탠바이가 잘 되고 있는지를 확인합니다.

신입 FD의 면접 기준과 담당 업무는 무엇인가요?

인성을 가장 중시하고 있습니다. 2~3주 정도 업무를 하지 않고 회사에 적응하는 기간을 거친 이후 프로그램을 배정받기도 하고 쇼케이스에 투입되어 보조 역할을 하기도 합니다. 이후에 정규 프로그램을 배정받습니다.

✏️ **무대 위에서 음악 리허설 체크 중인 무대 감독**

노래 시작 전에 가수의 마이크와 인이어 모니터를 체크하고 콘티와 카메라 앵글을
미리 고려하여 동선 등에 문제가 없는지 확인하고 수정한다.
기술적인 문제 발생 시 해당 감독에게 즉시 연락해 해결하고 진행한다.

✏️ **특수 장비 등을 체크 중인
무대 감독**

FD는 화약 등의 특수 효과 사용
시 화재에 대한 준비가 잘
되었는지 최종 확인해야 하고,
안전사고 대비를 위해 사전
점검을 철저히 해야 한다.

2-5 교양, 정보, 시사 연출 업무

사회의 이슈나 사회 공동의 관심사를 취급하므로, 기본적으로 사람에 대한 따뜻한 시선뿐만 아니라 비판적 시각 및 직업에 대한 책임 의식 등이 요구된다.

🎥 시사 교양 연출 업무와 팀 구성

시사 교양 연출은 시사, 교양 및 다큐 프로그램 등을 기획, 구성, 제작, 연출하는 업무를 담당한다. 시사 교양 연출의 업무는 협업 과정의 리더이고, 저널리스트이며, 보다 심층적이고 긴 호흡이 요구된다. 더욱이 다큐 프로그램의 경우는 그 특성상 시사 교양 프로그램과 달리 준비 및 촬영 기간이 매우 길기 때문에 정신적으로나 육체적으로 고될 수 있다.

시사 교양 프로그램의 제작을 위해서는 예산과 프로그램의 규모, 내용에 따라 다르기는 하지만 일반적으로 다음과 같이 팀이 꾸려진다.

🎬 시사 교양 프로그램의 제작 진행 과정

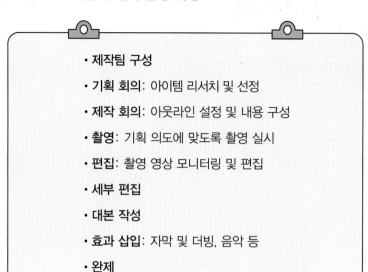

- **제작팀 구성**
- **기획 회의:** 아이템 리서치 및 선정
- **제작 회의:** 아웃라인 설정 및 내용 구성
- **촬영:** 기획 의도에 맞도록 촬영 실시
- **편집:** 촬영 영상 모니터링 및 편집
- **세부 편집**
- **대본 작성**
- **효과 삽입:** 자막 및 더빙, 음악 등
- **완제**

🎬 시사 교양 연출의 필요 역량

시사 교양 연출은 드라마나 예능과 달리 저널리즘을 가지고 일해야 하는 직군이며, 사회의 이슈나 사회 공동의 관심사를 취급하므로 사람에 대한 따뜻한 시선과 각종 권력에 대한 비판적 시각, 철저한 직업 윤리, 사회적 책임 의식 등이 요구된다.

🎬 리얼 관찰 프로그램 연출 업무

최근 예능이나 교양 프로그램의 주류를 이루는 리얼 관찰 프로그램은 제작 시 연출자나 작가 또는 스태프의 참여를 최소화하고, 여러 대의 카메라를 관찰자(연기자 또는 일반인 등) 주변에 고정으로 설치하여 보다 사실감 있는 장면을 연출한다.

출연자가 연기자인 경우 스튜디오 녹화나 리허설 현장에서 조명팀의 협조를 요청하여 촬영할 장소의 조명을 점등해 제작하기도 하고 2~3대의 카메라를 사용하여 촬영하기도 한다.

📝 **MBC 시사 교양 프로그램의 제작 현장의 모습**

아침에 방송되는 프로그램으로 연출자는 조명이나 세트에 대해 보다 밝고 화사한 톤의 배색을 요청하기도 한다.

📝 **관찰 다큐 프로그램 야외 제작 현장**

리얼 관찰 프로그램의 하나로, 오픈된 공간에서 촬영할 경우 여러 대의
카메라와 많은 스태프를 동원하여 제작하기도 한다.

✎ 프로그램 4분할 모니터 촬영 화면

리얼 카메라 녹화 시 작은 공간에 여러 대의 고정용 카메라를 설치해
외부에서 연출자나 작가가 모니터를 보면서 진행하기도 한다.

✎ MBC 대표 시사 프로그램인 〈PD 수첩〉 방송 장면

〈PD 수첩〉은 사안에 따라 녹화 전일 또는 당일 스튜디오 녹화를 진행한다. 시사 프로그램인
관계로 진행자의 멘트 하나하나가 매우 중요하기 때문에 세심하게 준비해야 한다.

외주 제작 연출 업무

외주 제작 연출은 편성이나 교양 정보 프로그램을 제작한 경험이 있는 10년 차 이상의 연출자가 담당하는 편이다. 주로 생방송을 진행하기 때문에 방송 제작 시스템에 대한 많은 노하우가 필요하다.

외주 제작 프로그램

1995년 케이블 TV의 출범과 이후 2011년 종합 편성 채널의 등장으로 160개가 넘는 채널이 생겨났다. 방송통신위원회에서는 외주 제작사의 활성화를 위하여 지상파에 외주 편성 비율을 30% 이상 유지해야 한다는 제도를 만들었다. 외주 제작 연출의 업무는 이런 외주 제작사의 프로그램이 지상파에 납품되어 방송될 때 이에 대한 일정 부분 기획과 제작 그리고 방송 시 관리 감독하는 업무를 말한다.

드라마의 경우에는 외주 제작사 형태의 제작이 빈번하다. 이에 대한 본사의 관리 감독은 연출자의 참여나 기획과 예산 등에 대해 관리 등을 하고 전반적인 제작은 외주사가 주도하는 편이라 교양이나 정보 프로그램의 외주 제작과는 다소 차이가 있다.

교양 정보 프로그램의 경우는 매일 새로운 소재와 아이템이 등장하기 때문에 요일 또는 프로그램마다 CP 체제를 운영해 관리 감독하는 편이다.

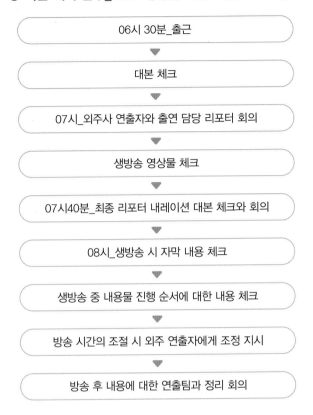

▶ 기본 제작 업무_MBC '생방송 오늘 아침' CP의 경우

06시 30분_출근

⯆

대본 체크

⯆

07시_외주사 연출자와 출연 담당 리포터 회의

⯆

생방송 영상물 체크

⯆

07시40분_최종 리포터 내레이션 대본 체크와 회의

⯆

08시_생방송 시 자막 내용 체크

⯆

생방송 중 내용물 진행 순서에 대한 내용 체크

⯆

방송 시간의 조절 시 외주 연출자에게 조정 지시

⯆

방송 후 내용에 대한 연출팀과 정리 회의

MBC '생방송 오늘 아침' 프로그램의 경우는 요일마다 4~5팀의 외주 제작사가 프로그램을 제작하고 있으며 생방송 시 본사 외주 제작 책임 PD가 관리 감독하고 있다.

🎬 외주 제작 PD 업무

제작에 필요한 아이템에 대한 회의와 방송 소재에 대한 최종 확인, 진행자의 멘트나 자막에 대해서도 정확하게 관리한다.

외주 제작 연출은 편성이나 교양 정보 프로그램을 제작한 경험이 있는 10년 차 이상의 연출자가 담당하는 편이고, 주로 생방송을 진행하기 때문에 방송 제작 시스템에 대한 노하우가 많은 연출자가 요구된다.

✏️ 생방송 직전 취재해 온 영상물을 모니터하고 있는 연출과 작가 그리고 리포터의 모습

영상을 마지막까지 체크하는 작업은 본사 CP가 진행한다.

✏️ 아침 생방송을 진행하고 있는 스튜디오 진행 PD의 모습

대본과 인터컴을 착용하고 부조정실의 연출자 사인을 받아 스튜디오의 전체적인 흐름을 진행한다.

✏️ **부조정실 연출석 모습**

오른쪽이 메인 연출이고 왼쪽이 조연출로, 시간 체크 등을 모니터링한다.

✏️ **본사 책임 PD 모습**

생방송 진행을 모니터링하면서 방송되는 영상이나 자막 등 진행 연출에게 별도로 지시하기도 한다.

3장 뉴스 및 기자, 스포츠 관련 업무

케이블 방송과 달리 지상파의 중요한 기능 중 하나가 보도 기능이다. 다른 파트와 비교했을 때 가장 많은 인력이 투입되고 있으며 업무가 세분화되어 있다. 본 장에서는 뉴스와 스포츠 중계 제작에 관한 업무에 대해 다루어 보았다.

3-1 뉴스 앵커 업무

뉴스에서 뉴스 멘트나 스트레이트 기사를 낭독하는 업무로, 취재 기자의 리포트 내용을 기반으로 시청자 및 청취자에게 빠르고 정확하게 정보를 전달한다.

🎬 뉴스 앵커의 기본 업무

TV나 라디오 뉴스에서 1~2명이 뉴스 아이템의 리드 멘트나 스트레이트 기사(기자의 음성이 없고 영상만 있는 뉴스 소재 화면)를 낭독하는 업무를 담당한다.

🎬 뉴스 앵커 구성

MBC의 경우는 2명의 앵커가 아침 메인 뉴스와 뉴스데스크를 진행하고, 나머지 오전과 정오 뉴스 등은 주로 1명의 앵커가 진행한다.

2명의 앵커가 진행하는 아침 메인 뉴스와 뉴스데스크는 주로 기자 출신의 앵커와 아나운서로 구성하여 진행하는 편이다. 그 외 뉴스는 아나운서나 기자가 단독으로 진행하기도 한다.

✏️ 올림픽 현장 뉴스 진행 모습

해당 뉴스 아이템 내용에 알맞게 의상을 준비하여
뉴스를 진행한다.

🎬 뉴스 제작 과정

- 방송 3시간 전 분장과 헤어 진행
- 지금까지 방송된 뉴스 모니터링
- 앵커의 스킨톤 확인
- 방송 의상 챙기기(전날 의상 색상 체크)
- 뉴스 30분 전 뉴스 대본(리포트) 체크
- 남녀 앵커 멘트 체크
- 방송 10분 전 스튜디오 스탠바이
- 스트레이트 기사의 앵커 멘트와 화면 길이 체크
- 마이크와 연출자의 이어폰 확인
- 카메라에 부착된 프롬프터 자막 확인
- 뉴스 큐시트(진행표) 체크

🎬 뉴스 멘트 작성

앵커는 기자가 작성한 리포트를 기반으로 데스크와 상의해 멘트를 작성한다. 리포트 내용에서 핵심이 되는 부분을 요약하여 부각시키거나, 시청자의 흥미를 유발할 수 있도록 주위를 환기시키는 내용으로 멘트를 구성한다. 작성한 뉴스 멘트는 타 방송사의 뉴스와 어떤 차별점이 있는지 분석하는 과정을 거치기도 한다. 그 과정에서 자사 방송사의 단독 보도나 차별성을 강조하거나 사실 관계를 파악하기도 하고, 효과적으로 뉴스를 전달할 수 있는 방법을 생각한다.

생방송에서 멘트를 틀리거나 자막이 잘못 나간 경우에는 뉴스 진행 중간이나 클로징 멘트 시 정정한 뒤 시청자에게 사과 멘트를 하기도 한다.

뉴스는 생방송으로 진행되기 때문에 모든 돌발 변수에 대비해야 하고, 속보의 경우 대본이나 큐시트가 없기 때문에 연출자의 지시와 함께 앵커의 순발력이 요구된다.

📝 **뉴스 방송 직전 앵커의 모습**

뉴스 진행 도중 부조정실의 연출자가 뉴스 보도의 순서 교체나 삭제 등을
지시하는 경우가 있기 때문에 사전에 이어폰을 체크하는 것이 중요하다.

📝 **개표 방송을 진행 중인
뉴스 앵커의 모습**

선거 개표 방송은 뉴스보다 장시간
진행되기 때문에 시시각각으로
변하는 투표 상황에 알맞은
다양한 멘트를 준비하는 순발력이
필요하다.

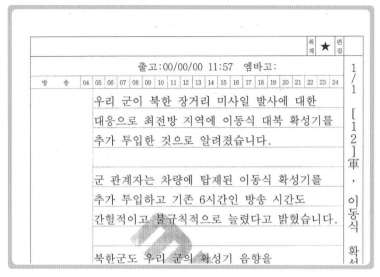

																				취재	★	편집

출고:00/00/00 11:57　엠바고:

방　송	04	05	06	07	08	09	10	11	12	13	14	15	16	17	18	19	20	21	22	23	24

우리 군이 북한 장거리 미사일 발사에 대한

대응으로 최전방 지역에 이동식 대북 확성기를

추가 투입한 것으로 알려졌습니다.

군 관계자는 차량에 탑재된 이동식 확성기를

추가 투입하고 기존 6시간인 방송 시간도

간헐적이고 불규칙적으로 늘렸다고 밝혔습니다.

북한군도 우리 군의 확성기 음향을

1 / 1 [1 2] 軍 , 이 동 식 확 성

✎ 뉴스 기사 원고의 일부

뉴스를 진행하는 PD와 앵커가 함께 가지고 진행한다.

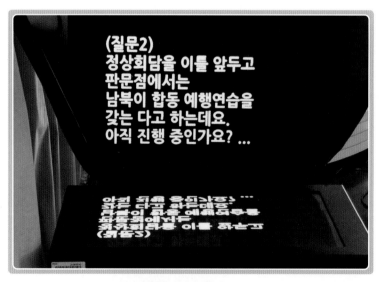

✎ 뉴스 프롬프터

앵커는 사전에 대본을 가지고 있지만, 뉴스 진행 시 시선을 고려하여
카메라 렌즈 앞에 부착된 프롬프터를 사용해 멘트를 읽는다.

아나운서 업무 알아보기

☆ 손정은 전MBC 아나운서

아나운서라는 명칭이 정확한가요?

한국, 일본, 중국만 아나운서라는 명칭을 사용합니다. 동남아나 서양에서는 아나운서라는 직업은 없고 기자, 앵커, 리포터 등으로 부르고 있습니다.

아나운서와 리포터의 차이는 무엇인가요?

방송사 내부에서 지정한 시사 교양 프로그램에서 아나운서는 진행(MC)을 주로 하고 리포터는 각 코너를 취재하고 진행합니다. 리포터는 대부분 프리랜서로 여러 방송국이나 행사를 다니면서 각종 프로그램에 참여하는데, 명랑하게 코너를 이끌어 나가는 것이 주 업무입니다.

생방송으로 시사 교양 프로그램을 진행할 때에는 대본을 모두 외우나요?

프로그램마다 다릅니다. 〈생방송 오늘 아침과 저녁〉의 경우 방송 전에 연출자와 진행자가 원고를 중심으로 맞추어 보며 기본적인 흐름을 숙지하는 회의를 가진 후, 생방송에서는 머릿속의 내용을 중심으로 진행합니다. 시사 프로그램인 〈PD 수첩〉의 경우 단어 하나가 내용에 결정적인 영향을 미칠 수 있기 때문에 프롬프터를 사용합니다.

뉴스 진행 시 앵커는 무엇을 가장 신경 쓰나요?

앵커 멘트를 가장 중요하게 생각합니다. 기자의 취재를 보고 본래의 의미를 벗어나지 않는 한도 내에서 앵커 멘트를 말하기 좋게 정리해 시청자에게 정확하게 전달하려고 합니다. 두 번째는 전달 과정에서 발음이나 표정, 억양 등을 내용에 맞게 표현하는 것입니다.

프로그램 진행 시 의상은 협찬받나요?

뉴스의 경우 의상은 100% 협찬입니다. 회사에서 코디네이터에게 매달 비용을 지불하고 있으며, 〈뉴스데스크〉의 경우 앵커가 요청한 의상을 매일 2~3벌씩 준비하고 프로그램에 맞는 의상을 선정해 착용합니다.

프로그램의 아나운서는 어떻게 결정하나요?

신입 아나운서 교육 시 개인의 특성을 파악하고 본인이 원하는 업무에 대해 의견을 수렴한 뒤 여러 가지 분야의 일을 맡겨 봅니다. 이후 보도나 교양 및 예능 프로그램 등에서 의뢰가 들어오면 3명 정도 추천을 받아 연출자와 협의하여 해당 프로그램의 아나운서를 결정하는 것이 일반적입니다. 뉴스의 경우 10명 내외의 인원으로 아나운서 오디션을 진행하고 보도국에서 협의 후 최종 합격자를 정하기도 합니다.

아나운서가 프리랜서로 나가는 이유는 무엇인가요?

사람마다 다르겠지만 회사 내에서 정해진 틀에 맞춰 프로그램을 진행하는 것보다 다양한 매체를 통해 자기만의 경험을 쌓아나가기 위해서 프리랜서로 전환하는 경우가 있습니다.

아나운서가 되려면 무엇을 해야 하나요?

신문과 방송 그리고 라디오, 팟캐스트 등 가능한 많은 매체와 프로그램을 접하면서 관심사에 대해 모니터를 해야 합니다. 그리고 아나운서는 기본적으로 오디오가 좋아야 하므로 발음 공부를 많이 해야 합니다. 외모는 중요하지 않다고 생각합니다.

3⋯2 뉴스 취재 업무

취재 기자는 우리 주변에서 일어나는 각종 사건 사고 및 정치, 경제, 문화, 국제, 과학에 이르기까지 다양한 분야를 취재하며, 권력을 감시하고 비판하는 역할을 한다.

뉴스 취재 기본 업무

뉴스는 새로운 소식을 알려 주는 방송 프로그램이나 보도를 뜻하며, 뉴스 취재 업무는 신문이나 방송 등의 대중 매체를 통해 대중에게 새로운 소식을 전달하는 것을 말한다.

방송 기자의 업무

사회적 현상을 취재하여 시청자, 청취자들이 잘 이해할 수 있도록 가공한 뒤, 방송, 신문, 통신 등 각종 매체를 통해 전달하는 사람을 '기자'라고 한다. 기자는 우리 주변에서 일어나는 사회, 정치, 경제, 문화, 국제, 과학 등 다양한 분야의 사건 사고를 취재하며, 다방면에서 사회 현상을 관찰하고, 권력을 감시·비판하는 역할도 한다.

기자는 자신이 속한 부서(사회부, 경제부, 국방부, 문화과학부 등)에 알맞은 보도 내용을 집중적으로 취재하며, 경우에 따라 자신만의 취재원을 두어 다른 보도와 차별성을 갖춘 정보를 수집하기도 한다.

기자 업무에서 가장 중요한 것은 타 방송사의 뉴스를 모니터링하고, 다양한 정보를 수집해 새로운 소재를 선점하여 타 방송사에서 아직 취재하지 못한 새로운 내용을 보도하는 것이다.

기자들이 취재한 기사는 각 언론사의 해당 부서 책임자들에 의해 교열 및 검증을 받은 후 매체의 특성에 맞게 가공되며, 방송 기자는 본인이 취재한 기사로 앵커 또는 아나운서와 함께 리포팅한다.

🦉 방송 기자의 업무 진행 과정

- **취재 아이템 선정 또는 배정**: 정부 부처, 국회, 경찰서, 취재원 혹은 제보 아이템 가운데 편집 회의를 거쳐 취재 대상 선정
- **사전 취재**: 뉴스 아이템에 대한 아웃라인 구상 및 구체화
- **영상 취재 및 본 취재**: 카메라 기자와 함께 인터뷰 및 스탠드 업 관련 영상 촬영, 본 취재 실시
- **기사 초고 작성**: 취재 영상 모니터링 및 기사 초고 작성
- **송고**: 데스크에 기사 송고
- **기사 검증**: 데스크에서 해당 기사 검증 기사의 중요도와 내용, 방송 시기 등을 고려해 출고 기사 결정
- **출고**: 기사 완성, 출고 기사는 편집을 거쳐 뉴스 보도
- **CG 의뢰**: 뉴스에 사용될 CG 의뢰
- **기사 녹음**: 뉴스에 사용될 기사 녹음
- **영상 편집**: 영상 편집자가 편집 진행, 영상과 CG, 녹음된 기사를 모두 합쳐 뉴스 제작
- **테이프 또는 파일 아웃**

취재 기자는 카메라 기자와 한 팀을 이루어 취재하며, 영상을 구성할 때 카메라 기자와 협의하며 뉴스 소재에 맞게 촬영을 진행한다.

🐾 방송 기자에게 필요한 역량

기자가 작성한 기사는 철저하게 사실에 입각해야 하며, 시청자가 쉽게 이해할 수 있어야 하므로 기자에게는 글쓰기 능력은 물론이고, 사회 현상에 대한 호기심과 통찰력 및 비판적 사고력 등이 요구된다. 따라서 기자가 되기 위해 준비하는 학생이나 사회 초년생들은 사회 현상과 관련 있는 글을 다양하게 읽는 것이 좋다.

보도국	NEWS DEPARTMENT
보도운영부	NEWS PRODUCTION ADMINISTRATION
정치부	POLITICAL NEWS
통일외교부	UNIFICATION & FOREIGN AFFAIRS
국제부	INTERNATIONAL NEWS
경제부	ECONOMIC NEWS
사회 1,2부	SOCIAL AFFAIRS NEWS 1, 2
전국부	LOCAL NEWS
문화과학부	CULTURE & SCIENCE NEWS
탐사보도부	INVESTIGATIVE REPORTS
뉴스데스크편집부	NEWS DESK EDITING
뉴스투데이편집부	NEWS TODAY EDITING
컴퓨터그래픽부	COMPUTER GRAPHICS
영상편집실	NEWS EDITING ROOM
뉴스 스튜디오 A,B	NEWS STUDIO A, B

✍️ **보도국 사무실 앞에 부착된 안내도**

MBC 보도국 사무실과 뉴스 스튜디오는 같은 층에 위치하고 있으며, 서로 뉴스 정보를 공유한다.

✎ MBC 보도국 사무실 내부

복층으로 구성되어 있어 뉴스 진행 시 배경 세트로 활용하기도 한다.

✎ 뉴스를 준비 중인 보도국 사무실 전경

✏️ 현장 취재 중인 카메라 기자

✏️ 취재에 사용하는 ENG 카메라

✏️ 휴대용 LED 조명 기구(좌)와
휴대용 배터리(우)

취재에 사용하는 조명 장비는 신속한 이동을 위해 휴대가
간편하고 발열이 적은 LED 조명을 사용한다.

극지방 촬영 시 기온이 낮아 장비가 오작동하는 경우가 발생하므로 여분의 장비를 준비하는 등 철저한 대비가 필요하다.

✏️ 극지방 촬영 현장

✏️ 근접 촬영 중인 취재 기자와 카메라 기자

인터뷰에 응하는 사람에게 편안하게 접근해 진솔한 내용을 얻는 것이 중요하다.

현장에 대한 심층적인 해설이 필요한 경우 취재 기자가 스튜디오에 출연해 앵커와 소재에 대해 멘트를 주고받으며 뉴스를 진행하기도 한다.

✏️ MBC 〈뉴스데스크〉 기자 출연 모습

3-3 뉴스 편집 업무

뉴스 편집 업무는 뉴스의 흐름을 알고, 뉴스를 미리 파악하는 등 뉴스에 대한 상식과 모니터링이 지속적으로 요구되며 이외에도 기계 운용 능력이 필요하다.

뉴스 편집 기본 업무

　뉴스 편집 업무는 뉴스의 틀과 형식 등을 구성하고, 각 파트에서 취재한 아이템의 내용을 시청자들이 이해하기 쉽도록 가공하여 뉴스의 내용을 제작하는 것을 말한다.

　방송 뉴스에서 정보는 주어진 시간 안에 시청자에게 쉽고 정확하게 전달되어야 하므로 각각의 뉴스는 이에 따라 다양한 형태로 가공되며, 뉴스 편집 담당자들은 뉴스마다 순위를 정하고, 시간을 배분하고, 심층적으로 구성하는 등 다양한 기획에 맞추어 뉴스를 편집한다. 이렇게 많은 고민과 노력으로 만들어진 뉴스는 앵커와 기자의 리포트를 통해 시청자들에게 전달된다.

🎬 뉴스 편집자의 역할

매체의 변화와 새로운 채널의 개국, 뉴미디어의 발전으로 인해 뉴스는 더욱 다양한 형태로의 가공이 요구되며, 이는 곧 뉴스 및 채널에 대한 관심과 연결되므로 뉴스 편집자들의 역할은 더욱 중요해졌다고 할 수 있다.

오늘날 뉴스는 과거와 달리 그 의미가 더욱 확대되어 정보 및 데이터로 취급되고 있으므로 시청자들에게 가치 있고 의미 있는 뉴스를 제공하기 위한 뉴스 편집자들의 고민은 계속되어야 한다.

🎬 뉴스 편집 업무 진행 과정

- **편집 회의**: 취재 담당자의 책임자와 취재원들이 아이템에 관한 편집 회의 진행
- **아이템 선정**: 편집 회의에서 결정된 아이템 선정
- **취재**: 취재원들이 해당 아이템들을 취재
- **제작물**: 취재원들이 취재한 뉴스를 가공
- **편집부 회의**: 가공한 뉴스로 틀과 형식을 구성
- **구성**: 순서, 시간, 촬영한 영상과 기사 내용의 조화 등을 고려하여 구성안 작업
- **뉴스 가공**: 큐시트를 작성하고 이에 맞게 뉴스 가공
- **뉴스 완성**

🐾 뉴스 편집팀 구성

　뉴스 편집팀은 방송국에 따라, 뉴스 편성 시간에 따라 차이가 있긴 하지만 크게 아침, 주간, 데스크팀 3팀으로 구성되며, 각 팀은 해당 시간대와 기획에 알맞은 구성으로 뉴스를 가공하여 생산하고 있다.

　MBC의 경우 아침 뉴스팀은 외신의 큰 사건이나 전날 〈뉴스데스크〉에서 중요하게 다룬 뉴스를 토대로 구성하기도 한다.

✏️ **방송 직전까지 해당 편집 데스크가 원고의 내용을 체크하고 있는 모습**

방송 사고를 미연에 방지하기 위해서는 마지막까지 뉴스 원고와 자막의 사실 확인을 해야한다.

🎥 뉴스 영상 편집

　뉴스 영상 편집 업무는 기자가 취재한 기사 내용과 카메라 기자가 촬영한 영상물을 조합하여 뉴스 리포트 영상으로 제작하는 일이다.

　취재 기자가 뉴스를 제작하기 위해 선정된 아이템에 관한 기사를 텍스트로 작성하면, 카메라 기자는 기사 내용을 바탕으로 영상을 취재한다. 데스크에서 편집 회의를 거쳐 선정된 아이템을 배정받으면 영상 편집자는 기사 내용을 토대로 카메라 기자가 취재한 영상물을 재구성한다. 취재물이 오기 전에 흐름을 파악하여 미리 필요한 것들을 준비하는 리서치 과정을 거치기도 한다.

　이러한 제작 과정은 마치 하나의 작업처럼 진행되어야 하므로 취재 기자와 카메라 기자, 영상 편집자 간에 원활한 의사소통이 필요하다.

🎥 뉴스 영상 편집자의 업무 진행 과정

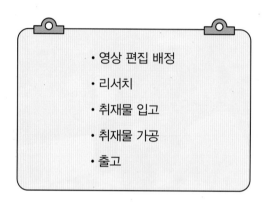

- 영상 편집 배정
- 리서치
- 취재물 입고
- 취재물 가공
- 출고

🎥 뉴스 영상 편집자의 역량

　뉴스 영상 편집 업무를 위해서는 기계 운용 능력과 함께 뉴스의 흐름을 이해하고, 해당 일의 뉴스를 파악하는 등 각 분야를 아우르는 지식이 필요하며, 다양한 뉴스를 지속적으로 모니터링하는 것이 중요하다.

📝 뉴스 영상 편집실 내부

상단에 '확인 또 확인'이라는 문구가 눈에 띤다.

📝 영상 편집 프로그램을 사용하여 뉴스를 편집하고 있는 모습

3···4 뉴스 진행 연출 업무

뉴스 진행 연출자가 가장 신경 써야 하는 부분은 타 방송사 뉴스를 모니터링하는 것이다. 특히 아침 뉴스 진행 연출에 있어 밤과 새벽 사이에 발생한 뉴스를 모니터링하고 사실을 확인하는 것은 매우 중요하다.

뉴스 진행 연출자의 업무

아침 뉴스에서 마감 뉴스까지 부조정실에서 큐시트(진행표) 순서대로 뉴스를 진행하고 연출하는 업무를 말한다.

뉴스 진행 PD가 가장 신경 써야 하는 부분은 타 방송사 뉴스를 모니터링하는 것이다. 특히 지상파의 아침 뉴스를 제작하는 경우 보도 전문 채널인 YTN과 연합뉴스 TV를 주로 모니터링하며, 이를 통해 밤과 새벽 사이에 새롭게 발생한 뉴스를 체크한다.

뉴스 진행 연출자는 뉴스를 만드는 편집 파트에서 뉴스 진행 연출을 진행하며, 아침 뉴스의 경우에는 모든 출연자가 생방송으로 진행하기 때문에 앵커와 뉴스 리포터 간의 동선과 뉴스 아이템의 순서에도 많은 신경을 써야 한다.

🎥 아침 뉴스 진행 연출자의 기본 업무 과정

아침 뉴스의 경우

- 새벽 3시 출근
- 보도 전문 채널 뉴스 모니터링
- 전날 뉴스를 토대로 뉴스 큐시트 작성
- 사건 뉴스를 체크
- 조간신문 체크
- 해외 뉴스 체크
- 오늘의 날씨 체크
- 스튜디오 스태프 체크
- 앵커의 건강 상태 체크
- 뉴스 리포터 체크
- 오늘의 톱뉴스 체크
- 뉴스 영상물과 자막 체크

🎥 아침 뉴스 큐시트

생방송으로 진행되는 뉴스의 특성상 진행 도중에도 시시각각으로 새로운 뉴스 소재가 발생하기 때문에, 이에 대비하기 위해 큐시트가 수시로 바뀌는 편이다.

뉴스 중에서 특히 아침 뉴스의 큐시트는 우리와 시차가 다른 외신, 밤사이 시간차로 발생하는 국내외 사건 사고 등으로 인해 수시로 변경되어 복잡하다. 이 때문에 모든 스태프는 뉴스 진행 연출 과정에서 항상 긴장을 늦추지 말아야 한다.

▶ 아침 뉴스 큐시트 해설

일반적으로 뉴스 큐시트를 공개하는 것은 방송사 내의 대외비로 취급되고 있어 큐시트의 첫 번째 장 일부만 간단하게 소개하고자 한다.

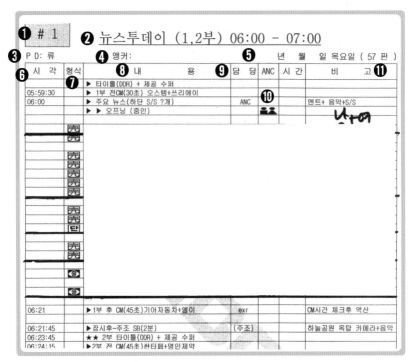

✎ MBC 〈뉴스투데이〉 큐시트의 일부

❶ 큐시트 장(페이지)

❷ 프로그램 제목(뉴스투데이)과 1, 2부 방송 시간

❸ 뉴스를 총괄 진행하는 PD의 이름

❹ 스튜디오에 출연하여 뉴스를 진행하는 앵커 또는 아나운서의 이름

❺ 뉴스 방영일

❻ 뉴스를 내보내는 시각 표시

　　예 05:59:30은 오전 5시 59분 30초에 뉴스 타이틀과 자막이 나간다는 의미

❼ 뉴스가 사전에 녹화된 것인지 아니면 출연자가 스튜디오에 출연해

　　진행하는 것인지를 표시

　　예 完(완)은 녹화된 테이프로 진행, 出(출)은 기자나 리포터가 출연해 진행,

　　　短(단)은 단신(짧은 뉴스)으로 앵커가 기사를 보고 진행

❽ 뉴스의 주요 내용이나 제목

❾ 뉴스를 취재한 담당 기자의 이름

❿ 뉴스를 진행하는 앵커의 카메라 Shot

⓫ 녹화된 테이프가 재생될 시간이나 출연자가 출연하는 시간

📝 **전자 큐시트**

최근에는 뉴스의 모든 진행 스태프의
자리마다 종이 큐시트가 아닌 전자 큐시트가
설치되어 있다. 수시로 바뀌는 뉴스의 순서나
내용을 신속하게 모니터 할 수 있는 장점이
있다.

뉴스 진행 연출(PD) 업무 알아보기

☆ 류도현 MBC 보도국 PD

뉴스에서 연출(PD)이 필요한 이유는 무엇인가요?

뉴스는 다른 프로그램과 달리 새로운 창작물을 만들어 내는 것이 아니라 기본적으로 기자가 만든 기사에 기술, 카메라, 조명 등의 여러 요소를 융합하여 가공하는 업무입니다. 뉴스의 처음과 끝을 연결하는 매개체 역할로 PD가 존재하며, 최근에는 새로운 기술 장비의 발달로 이에 따른 연출 방법에 대한 학습도 필요합니다.

뉴스 진행 전문 PD의 출발은 언제인가요?

먼저 SBS가 뉴스텍이라는 자회사에서 진행 PD를 채용하면서 시작했습니다. MBC도 2000년 초반에 전문 진행 기자를(PD를?) 채용했으나 나중에 평기자로 전환했고, SBS는 지금까지 뉴스 전문 PD제로 운영하고 있습니다.

뉴스 진행 시 연출을 도와주는 스튜디오 FD의 업무는 무엇인가요?

아침 뉴스의 FD 역할은 2가지로 나누어집니다. 보도국 사무실에서 변경된 뉴스 아이템이나 기사를 정리해 부조정실을 수시로 왕복하며 전달하는 편집 사무 담당 FD가 있습니다. 부조와 스튜디오에서는 앵커에게 진행물을 전달하고 출연자의 마이크나 인이어를 체크하고 모니터 등을 정리하는 스튜디오 담당 FD가 있습니다.

아침 뉴스 진행 시 일과는 어떻게 되나요?

새벽 3시에 출근해 6시부터 7시 40분까지 뉴스를 진행하고 퇴근합니다. 오전에 2시간 정도 자고 일어나 일상생활을 합니다. 자정쯤 잠자리에 들었다가 새벽 3시에 다시 출근합니다.

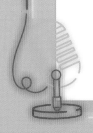

▷▷▷

아침 뉴스의 스태프는 몇 시부터 준비하나요?

6시 뉴스 기준으로 4시 30분에 모든 스태프가 스탠바이 합니다.

아침 뉴스 시 가장 먼저 하는 일은 무엇인가요?

야근 PD가 전날 방송된 〈뉴스데스크〉를 기준으로 뉴스를 편집하고 코너의 원고를 정리하며 큐시트를 구성합니다. 2~3년 전에는 큐시트 제작에 시간을 많이 할애했으나 최근 뉴스에서는 종이로 된 큐시트는 거의 사용하지 않습니다. NPS(Network Production System, 네트워크 기반 제작 시스템) 시스템을 적용해 해당 근무자 앞의 모니터에 큐시트를 탑재해 많이 간편해졌습니다.

아침의 톱뉴스 결정은 어떻게 하나요?

방송사에서 첫 번째 아이템으로 나오는 뉴스는 신문의 1면에 해당한다고 생각하면 됩니다. 일반적으로 전날 〈뉴스데스크〉 톱뉴스를 기본으로 선정하는데, 밤사이 국내나 외신에서 큰 사건이 발생하면 관련 뉴스를 메인으로 진행하기도 합니다.

아침 뉴스에 해외 뉴스가 많은 이유는 무엇인가요?

우리나라가 밤이면 해외는 낮이다 보니 해외에서 뉴스 소재가 많은 편입니다. 해외 뉴스의 경우 뉴스 소재에 대한 제작 기술이 발달함에 따라 방송사에서는 현지 특파원을 줄이고 있습니다.

아침 뉴스에 날씨 예보가 많은 이유는 무엇인가요?

일과를 시작할 때 날씨가 가장 필요한 기본 정보이다 보니 모든 아침 뉴스에서 날씨 예보를 여러 번 방송합니다. MBC의 경우 아침 뉴스에 날씨 예보는 4회 방송합니다. 모든 방송사에서 아침 뉴스의 기본은 날씨 예보로 시작해서 날씨 예보로 마무리한다고 생각하면 됩니다.

아침 뉴스에서 주요 아이템이 반복되는 이유는 무엇인가요?

사람이 아침에 일어나는 주기는 30분 단위이기 때문에 6시, 6시 30분, 7시에 주요 메인 뉴스를 반복해서 방송하는 것을 기본으로 합니다.

사고 사과 방송에 관한 매뉴얼이 있나요?

2~3년 전에는 여러 가지 이유로 뉴스를 진행하다 사고가 발생하면 해당 뉴스 프로그램의 앵커 클로징 멘트 때 사고에 대한 설명과 양해 멘트를 내보냈습니다. 그러나 최근 방송통신위원회는 뉴스 진행 도중 사고가 나면 다음 뉴스를 소개하기 전에 바로 사고 내용에 대해 사과 방송을 하는 것으로 변경하였습니다. 이에 따라 사고가 발생하면 진행 PD가 앵커에게 사고 내용을 즉시 전달해야 합니다.

뉴스 아이템을 재생(플레이)하는 담당자가 있나요?

종전에 테이프 재생하며 진행하는 것과 마찬가지로 서버를 운용하는 플레이어가 있습니다. 방송사마다 운용하는 방식은 조금씩 차이가 있습니다.

최종 앵커 멘트는 누가 작성하나요?

1차로 리포터를 한 기자가 작성합니다. 때에 따라 편집팀에서 수정하기도 하고, 내용을 손상하지 않는 한도 내에서 앵커가 본인이 읽기 편하게 수정하는 경우도 있습니다.

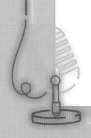

📝 **뉴스 진행 PD와 뉴스 센터 기술 감독**

왼쪽이 뉴스를 진행하는 PD이고 오른쪽이 뉴스 센터 기술 감독이다.

📝 **뉴스를 진행하는 스태프 모습**

MBC 뉴스 센터 부조정실의 경우 3열로 설계가 되어 있는데, 진행 PD는 맨 앞쪽 중앙에서
모니터를 보며 총괄 진행한다. 진행 PD 왼쪽의 스태프는 연출을 돕는 FD로
화면 하단의 큰 자막(방송에서는 '복대'라고 표현)을 준비하고 처리하는 업무를 병행한다.

3-5 스포츠 취재 업무

스포츠 취재 업무는 스포츠 현장을 직접 접하고 느끼는 것을 넘어 스포츠 팬들이 원하는 정보를 방송으로 구현해 전달한다는 점에서 다른 취재 기자들의 업무와 차별성을 갖추고 있다.

🎥 스포츠 기자의 기본 업무

스포츠 기자는 스포츠 뉴스를 취재 및 제작하는 업무를 담당한다. 취재가 완료되면 기사를 작성하고 데스크와 상의하여 최종 녹음 작업에 들어가는데, 이렇게 녹음된 음성을 바탕으로 영상 편집 담당자와 방송본을 만들게 되며, 이 과정에서 각종 CG를 더해 내용 전달력을 높이는 과정을 거치게 된다.

스포츠 기자의 업무는 스포츠 현장에서 선수와 감독을 인터뷰하고, 경기를 분석하는 것에 그치지 않고, 스포츠팬들이 원하는 정보를 방송으로 구현해 전달한다는 점에서 다른 취재 기자의 업무와 차별성을 갖춘다. 또한 자신의 노력에 따라 스포츠 현장에 긍정적인 영향을 미칠 수 있기 때문에 이들의 업무는 매우 중요하다고 할 수 있다.

일반적으로 스포츠 기자의 업무는 취재 아이템 발굴, 취재 아이템을 기획에 따라 실제 방송물로 구현하는 과정으로 이루어지며, 이 과정에서 취재 윤리에 어긋나지 않으면서도 개성 있는 결과물을 얻으려는 다양한 시도가 필요하다.

🎬 스포츠 뉴스 제작 과정

스포츠 뉴스는 스포츠 뉴스 전체를 총괄하는 스포츠 취재 부장과 취재 실무를 관리하는 데스크, 그리고 취재 기자, 카메라 기자의 협업으로 제작된다. 이 중 스포츠 취재 기자는 스포츠 관련 뉴스 아이템을 발굴하고 직접 스포츠 현장을 취재해 기사를 작성한다.

이후에 최종 방송본이 나갈 때까지 영상 편집 담당자, 카메라 기자와 편집 방향을 논의하여 상황에 가장 최적화된 현장 영상을 구상하고 촬영한다. 영상 편집 담당자는 확보된 영상물을 내용에 맞게 구성해 편집하고 최종 방송본을 만드는데, 이 과정에서 영상을 수신, 기록하는 전문 담당자의 도움이 필요하다.

CG 작업, 기사나 자막의 오류를 점검하는 인력까지 합치면 실제 스포츠 뉴스가 방송되기까지 수많은 사람들의 손을 거치게 된다.

📝 스포츠 뉴스 큐시트

뉴스 큐시트보다 비교적 간단하고 기자의 리포팅 시간도 뉴스에 비해 비교적 짧다.
스포츠 뉴스에는 속보가 없기 때문에 기사가 비교적 빨리 만들어진다.

✏️ **월드컵 관련 뉴스 방송 장면**

스포츠 취재 기자들이 취재해 온 각종 스포츠 정보들을 심층적으로 분석해 보도하는 경우
스튜디오에 그래픽 등을 사전에 제작하고 기자가 직접 출연해 해설과 함께 진행하기도 한다.

🎥 스포츠 기자에게 필요한 역량

일반적으로 스포츠 기자가 되기 위해서는 전공과 상관없이 해당 분야의 방
송사 공채 등을 통해 입문하게 되며, 다양한 정보와 의견을 수용할 수 있는 자
세가 요구된다. 또한 전문적인 지식은 물론 방송 트렌드에 관심을 갖고 다양한
분야의 지식과 경험을 접목할 수 있는 능력이 필요하며, 자신이 쓴 기사나 방
송물을 객관적이고 비판적으로 평가할 수 있는 자세를 가져야 한다.

3---6 스포츠 중계 캐스터 업무

스포츠 중계 캐스터는 사전에 선수와 감독에 대해 분석하고 이전 경기를 모니터링해야 한다. 방송 시에는 해설자와의 호흡이 매우 중요하기 때문에 중계방송 전 적절한 역할 분담에 대한 논의가 필요하다.

🎙 스포츠 중계 캐스터의 기본 업무

모든 스포츠 중계방송에서 해설자와 함께 경기의 내용을 정확하게 전달하고 분석 및 리드하는 업무를 말한다.

스포츠 경기는 사전에 짜여 있는 각본대로 진행되는 것이 아니라 감독의 지시와 선수의 역량 및 개인적 판단에 따라 다양한 상황이 연출되기 때문에 '각본 없는 드라마'라고도 한다.

스포츠 중계 캐스터에게 가장 중요한 업무 중 하나는 중계할 경기에 대한 콘셉트를 정하는 것이다. 예를 들어 '한일전' 경기라든가 '남북한' 경기 등과 같이 국민적인 관심도가 높은 경기는 시청자의 관점에서 콘셉트를 잡고 색다르게 중계하기도 한다.

스포츠 중계 캐스터에게는 스포츠 경기 내용을 시청자에게 정확하게 전달하고, 상황이 연출된 배경과 앞으로 전개될 상황을 해설자와 전망하면서 동시에 재미와 감동을 주어야 한다는 어려움이 있다. 스포츠 중계에는 대본이 없기 때문에 경기를 보면서 실시간으로 상황에 알맞은 내용을 전달하며 방송을 이끌어나가야 한다.

스포츠 중계 캐스터의 업무 진행 과정

- 경기 약 일주일 전 스포츠국으로부터 경기 중계 배정
- 해당 경기 콘셉트 설정

  예 영원한 라이벌 → 서울 FC:수원 삼성(프로 축구)

  숙명의 한일전(축구, 야구, 배구 등)

  사자와 호랑이의 대결 → 기아:삼성(프로 야구)
- 담당 경기 해설자 파악
- 양 팀 지난해와 올해의 경기 분석
- 양 팀 감독과 선수의 성향 파악
- 양 팀 경기 영상 분석
- 경기장 분위기 파악
- 마이크와 이어폰 상태 확인
- 화면에 캐스터 노출 시 중계석 조명 체크

스포츠 중계 캐스터의 역량

스포츠 중계 캐스터는 중계방송 진행 시 상대 방송사의 중계를 모니터링할 수 없기 때문에 선수와 감독 및 경기에 대한 정보를 사전에 숙지해야 한다. 또한 경기 해설자와의 호흡이 매우 중요하기 때문에 사전에 적절하게 역할을 분담하여 중계를 진행한다.

경기가 어떻게 진행되느냐에 따라, 스포츠 중계의 콘셉트에 따라 다양한 톤으로 중계를 진행하기도 한다. 긴 시간이 소요되는 야구 등의 경기 중계는 주변의 재미있는 장면이나 경기에 흥미를 더할 수 있는 이야기를 구성해 진행하기도 한다.

✎ 동계 올림픽 스피드 스케이팅 경기 중계 장면

스포츠 중계 캐스터와 해설자는 경기장 내에 있는 중계용 코멘터리석에 위치하고 있으며,
경기 장면을 직접 보면서 중계하기 때문에 현장감을 전달할 수 있다.
코멘터리석에는 캐스터와 해설자 외에도 중계 엔지니어가 참여한다.

✎ 방송국 내에 위치한 옵튜브 중계석 모습

옵튜브는 현장이 아닌 방송국에 임시로 설치한 스튜디오를 말하며, 현장에 코멘터리석이 없거나
직접 경기 현장에 가서 중계할 수 없는 경우에는 옵튜브 중계석에서 모니터를 보며 중계를 진행한다.
현장감은 다소 떨어지지만 안정적인 분위기에서 중계를 진행할 수 있다.

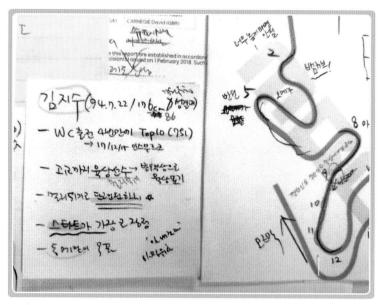

✎ 스포츠 중계 캐스터의 중계용 메모

원활한 중계방송 진행을 위해 경기 정보를 체크하고 기록한다.
경기장 코스의 특징과 선수의 개인 신상 등이 메모되어 있다.

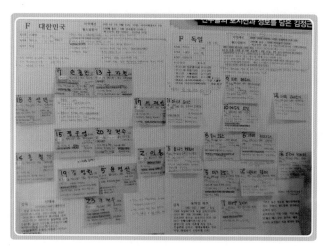

✎ 러시아 월드컵 중계를 진행한 김정근 캐스터의 중계용 메모

스포츠 중계 캐스터는 탄탄한 현장 중계를 위해
출전 선수에 대한 정보 및 특이 사항을 사전에 숙지한다.

〈출처: 주간 MBC 뉴스〉

기상 캐스터 업무

날씨 프로그램은 주로 뉴스를 제작하는 스튜디오의 크로마키 세트나 별도의 버추얼 스튜디오에서 진행하며, 생동감 있는 날씨 정보 전달을 위해 중계차를 이용해 야외에서 생방송으로 진행하기도 한다.

🎬 기상 캐스터의 기본 업무

뉴스를 통해 날씨 정보를 전달하는 업무를 말한다.

날씨 프로그램은 주로 뉴스를 제작하는 스튜디오의 크로마키 세트나 별도의 버추얼 스튜디오에서 제작하며, 아침 뉴스에서는 생동감 있는 정보 전달을 위해 중계차를 이용해 야외에서 생방송으로 진행하기도 한다. 시청자에게 보다 다양한 정보와 영상을 구현하기 위해 각 방송사 메인 뉴스의 날씨 프로그램은 가상 스튜디오에서 녹화로 제작한다.

장마철이나 폭설이 내리는 날에는 시시각각 변하는 기상 상태를 신속하게 파악하여 정확한 기상 정보를 전달해야 하고, 상황에 따라 여름에는 우산이나 우비, 겨울에는 목도리나 장갑, 외투 등의 의상과 소도구를 별도로 준비하기도 한다.

🎥 기상 캐스터의 업무 진행 과정

아침 뉴스의 경우

- 기상청의 주간 날씨 예보 체크
- 다음날 날씨 예보 체크
- 아침 뉴스의 경우 새벽 3시 출근
- 배경 화면(그래픽) 확인
- 대본 만들기와 제작 시간 체크를 위한 읽기 연습
- 계절에 맞는 의상인지 체크
- 당일 날씨에 맞는 의상인지 체크
- 크로마키에 맞는 분장 및 의상 체크
- 전년도 기상 변화에 대한 학습
- 주변국(일본, 중국 등)의 기상 예보 체크
- 상대 방송사 날씨 모니터링

뉴스데스크의 경우

- 당일 날씨 체크
- 배경과 의상 체크
- 제작 시간에 맞는 대본 세팅
- 헤어와 메이크업 체크
- 버추얼 스튜디오 위치 확인
- 카메라 동선과 위치 확인
- 제작 테이프 확인과 시간 체크

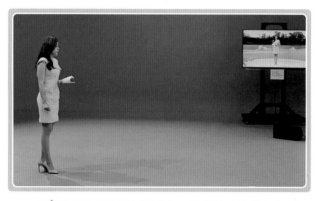

✎ 버추얼 스튜디오에서 방송 녹화 중인 기상 캐스터

✎ 바닥에 설치한 기상 캐스터용 조명

기상 캐스터가 앞뒤 좌우로 움직이면서 방송을 진행하기 때문에
바닥의 그림자를 없애기 위해 별도의 조명을 사용한다.

🎬 기상 캐스터의 역량

기상 캐스터는 기상청과 정기적으로 모임을 가지며, 연간 기상 예보, 장기 예보 등을 주제로 하는 세미나나 토론에 참여하기도 한다.

대학에는 기상 캐스터와 관련 있는 학과가 따로 마련되어 있지 않기 때문에, 아나운서 아카데미 등에서 진행자 교육을 받거나 기타 방송 경험을 쌓은 사람이 기상 캐스터에 입문하게 된다. 일반적으로 방송사는 프리랜서 기상 캐스터를 채용하는 편이다.

✎ MBC 〈뉴스데스크〉 날씨 프로그램 방송 장면

✎ **가상 스튜디오에서 날씨 프로그램을 진행하는 기상 캐스터**

화면과 같이 Full Shot이 필요한 경우 대형 버추얼 스튜디오에서 생방송 직전에 녹화한다.

✎ 날씨 프로그램 제작 시 모니터를 보며 진행하는 기상 캐스터

✎ 설날 특집 날씨 프로그램 화면

4장 촬영 및 중계 관련 업무

야외 촬영이란 언제나 준비되어 있는 제작 스튜디오가 아닌 장소에서 카메라를 사용하여 영상을 촬영하는 것을 말하며, 프로그램의 성격에 따라 1대 또는 2대 이상의 ENG 카메라를 사용한다. 또한 야외 촬영에 사용되는 중계차는 야외 이동 방송국이라고 부르기도 한다.

4-1 야외 촬영 업무

야외 촬영은 프로그램 제작에서 다른 파트보다 영상의 기본이 되는 작업을 하는 중요한 업무이기 때문에 해당 연출자와 가장 많은 시간을 갖고 상의하며 제작에 임한다.

🎬 야외 촬영의 의미

야외 촬영이란 방송사 스튜디오가 아닌 야외에서 카메라를 사용해 프로그램 제작에 필요한 영상을 촬영하는 업무를 말하며, 프로그램 성격에 따라 1대 또는 2대 이상의 ENG(Electronic News Gathering) 카메라를 사용한다.

방송사마다 차이는 있지만 일반적으로 야외에서 카메라 촬영을 담당하는 사람을 '촬영 감독'이라고 하며, 스튜디오에서 카메라 촬영을 담당하는 사람을 '카메라 감독'이라고 부르기도 한다.

🎬 촬영 감독의 기본 업무

프로그램 제작에서 야외 촬영은 영상의 기본이 되는 중요한 업무이기 때문에 사전에 해당 연출자와 많은 시간 협의한 뒤 제작에 임한다.

야외 촬영 업무는 크게 드라마와 비드라마(교양, 예능)로 나뉜다. 드라마 중 미니 시리즈의 경우는 대략 6~9개월 전, 주말극이나 일일극은 녹화 3개월 전에 연출자와 미팅을 갖고 드라마의 전반적인 개요에 대해 논의한다.

🎬 야외 촬영 스태프의 구성

야외 촬영은 드라마에서 중요한 비중을 차지하기 때문에 촬영 감독과 연출자의 호흡이 굉장히 중요하다. 이러한 이유로 드라마 연출자가 이전에 자신과 호흡이 잘 맞았던 촬영 감독과 다시 작업하는 경우가 많다.

야외 촬영의 기본이 되는 야외 조명 감독을 선임할 때에는 연출자가 추구하는 영상의 의도와 촬영팀의 호흡을 고려한다.

포커스 풀러도 연출자와 협의하여 촬영팀과 호흡이 맞는 팀을 선정한다. 드라마 야외 촬영팀은 카메라 1대당 주로 5~6명으로, 촬영 감독 1명과 카메라 퍼스트 1명, 그리고 3~4명의 카메라 모니터 등 주변 영상 장비 요원으로 구성한다.

🎬 촬영 스태프의 역할

촬영 감독은 대본을 숙지한 뒤 연출자가 구성한 콘티를 바탕으로 Shot을 결정해 촬영하고, 카메라 퍼스트는 촬영 감독이 안정적이고 이상적인 Shot을 구사할 수 있도록 주변 환경을 조성하고 이에 필요한 카메라나 영상 장비를 관리한다.

야외 촬영 감독은 1명의 카메라 퍼스트를 선임해 촬영에 필요한 장비 등의 준비를 지시한다. 카메라 퍼스트는 촬영 감독으로부터 촬영에 대한 기본적인 지시를 받고, 촬영 감독이 Shot을 연출하기 전 단계에서 주변의 모든 것을 총괄하는 업무를 진행하기도 한다. 카메라의 위치부터 레일이나 지미집 사용 여부, 조명팀, 동시 녹음팀, 촬영 보조팀과 협의하여 촬영하기에 최적의 환경을 만든다.

카메라 퍼스트는 카메라의 위치를 이동시키거나 각종 모니터 및 주변 케이블을 정리하고 전원선을 설치하는 작업을 진행하기도 한다. 특히 주변에 전원이 없는 경우 카메라에 사용하는 배터리를 충전해 두거나 보조 배터리 등을 확보해야 한다.

🎬 드라마와 예능 야외 촬영

드라마 야외 촬영 시 기본적으로 연출자가 정한 콘티를 바탕으로 촬영하지만, 촬영 감독이 연출자와 상의하여 보다 나은 앵글을 보충 촬영하기도 한다.

야외 촬영에서는 카메라의 기종과 영상의 품질이 매우 밀접한 관계에 있기 때문에 촬영 감독은 연출자와 상의하여 드라마의 성격이나 제작 여건에 최적화되어 있는 카메라를 선택한다.

예능 야외 촬영에서는 촬영 감독이 사용하는 ENG 카메라 이외에 별도로 10~20대 이상의 6mm 카메라가 함께 사용되는데, 이러한 경우 VJ 전문 회사와 함께 촬영을 진행하기도 한다.

🎬 야외 촬영 업무 진행 과정

드라마의 경우

- 2~3개월 전 연출자와 기본 미팅
- 시놉시스 체크
- 촬영장 답사
- 연기자의 연기와 특성 파악
- 연출자와 협의하여 카메라 기종 선정
- 선정된 카메라의 기본적인 촬영 테스트 작업
- 연출자와 협의하여 조명팀 선정
- 카메라 퍼스트와 포커스 풀러 선정
- 촬영팀 셋업맨(카메라 퍼스트)과 촬영팀 구성
- 스튜디오 카메라 감독과 기본 앵글 조율

✏️ **MBC 주말 드라마 야외 촬영 장면**

좁은 매장에서 연기자가 걷는 장면을 촬영하고 있다. 음향은 무선 핸드 마이크를 사용하고, 카메라는
레일이 아닌 이동용 장치를 사용하여 움직이고 있으며, 조명 운용 요원이 LED 조명을 손으로 들고 있다.

✏️ **드라마 야외 촬영 장면**

조명팀이 태양광과 반사판을 이용하여 적정한 조도를 만들고, 오른쪽의 메인 촬영 카메라가 촬영한다.

✎ 4K 카메라로 촬영하는 장면

좁은 공간에 조명과 마이크 등의 촬영 주변 장비가 함께 설치되기 때문에
촬영하기에 적합한 공간을 확보한 후에 촬영해야 한다.

✎ 4K 카메라와 렌즈 앞에 부착된 후드

기존에 장착된 후드에 별도의 추가 후드를 부착해 불필요한 빛을 차단한다.

4-2 포커스 풀러 업무

우리나라에는 아직 포커스 풀러 업무를 본격적으로 배울 수 있는 과정이 없기 때문에 영화 촬영 현장에서 도제 시스템으로 시작해 드라마 포커스 풀러로 진출하기도 한다.

🎥 포커스 풀러의 기본 업무

흔히 영화 제작 현장에서 카메라의 포커스만 책임지는 업무를 하는 스태프를 '촬영 퍼스트'라고 부르고 TV 제작 현장에서는 '포커스 풀러'라고 한다. 드라마에서는 십 수 년 전에 도입되었고 최근에는 거의 모든 드라마 제작에 투입되는 스태프이다.

포커스 풀러의 업무는 카메라 렌즈 전 단계에서 이루어지는데, 자체 모니터를 통해 포커스 링으로 렌즈와 연기자의 움직임에 대한 거리를 스케일(일종의 '자')을 사용하여 정확하게 계산해 마킹한 후 촬영에 임한다. 최근에는 무선 모니터와 연기자 동선에 빔을 투사하는 방법으로 정확하게 측정해 진행하기도 한다.

특히 단렌즈를 사용하는 카메라는 촬영 감독이 뷰파인더를 통해 포커스를 정확히 맞추기 어렵기 때문에 반드시 포커스 풀러가 있어야 한다. 최근 방송사에서는 UHD 방송 서비스 기술로 인해 촬영에 4K 카메라가 본격적으로 사용되기 때문에 포커스 풀러의 역할은 더 커질 것으로 전망된다.

초반에는 주로 영화 촬영 스태프에서 드라마 촬영팀으로 이적해서 작업하였으나, 최근에는 카메라 감독이 되기 위한 발판으로 포커스 풀러에 입문하기도 한다. 우리나라에는 포커스 풀러를 정규적으로 배울 수 있는 과정이 없기 때문에, 영화 촬영 현장의 도제 시스템으로 업무를 익혀 드라마로 진출하기도 한다.

포커스 풀러의 업무 진행 과정

- 촬영 대본 숙지
- 촬영 장소, 카메라 기종 확인
- 촬영 감독의 특성 파악
- 연기자의 동선 확인
- 카메라 리허설 확인
- 스케일을 사용해 거리 측정
- 카메라에 메모리 입력
- 녹화 시 포커싱 조정
- 녹화된 화면 모니터 확인

포커스 풀러 조정용 무선 영상 장비

✏️ 카메라에 장착된 무선 모니터 송신기

야외에서는 한 대의 카메라만 사용하기 때문에 별도의 무선 장치가 필요하지 않다.
하지만 스튜디오에서는 두 대 이상의 카메라 포커스를 운용해야 하기 때문에 무선 장비를 카메라에 부착한다.

✏️ 포커스 풀러가 무선 송수신기를 이용해 카메라의 포커스를 조정하는 장면

포커스 레버를 부착한 카메라

페디스털로 포커스를 운용하는 모습

스케일(계측기)로 거리를 측정하고 있는 포커스 풀러

스튜디오 카메라 업무

모든 스튜디오 영상을 제작할 때 연출자와 협의하여 의미 있는 Shot을 만들어 내는 중요한 업무 중에 하나이다. 한 대의 카메라를 운용하는 '야외 촬영 감독'과는 달리 스튜디오 제작에서는 '카메라 감독'으로 부르기도 한다.

🎬 스튜디오 카메라 감독의 기본 업무

스튜디오 카메라 감독은 스튜디오에서 드라마, 쇼, 예능 및 교양 프로그램을 제작할 때 연출자가 구성한 콘티 대본의 내용을 숙지하고, 드라이 리허설 역할을 담당한다. 또한 카메라 리허설을 거쳐 녹화나 생방송 시 스탠더드 카메라로 다양한 Shot(앵글)을 구사한다.

스튜디오 카메라 업무는 스튜디오의 모든 영상을 제작할 때 연출자와 협의하여 의미 있는 Shot을 만들어 내는 중요한 업무이다. 한 대의 카메라를 운용하는 '야외 촬영 감독'과 달리 '카메라 감독'으로 부르기도 한다.

카메라 감독의 업무는 프로그램 제작 형태에 따라 연출자가 구성한 콘티와 리허설의 유무로 구분할 수 있다.

일반적으로 드라마나 생방송으로 진행되는 프로그램의 경우에는 연출자가 사전에 대본이나 가사집에 Shot에 대한 콘티를 작성한 뒤 진행하는 편이다. 또한 예능이나 교양 프로그램의 경우에는 카메라의 워킹이 쇼 프로그램보다 움직임이 적기 때문에 정해진 콘티를 스태프 회의를 통해 전달하는 편이다.

🎬 스튜디오 카메라 감독의 구성

기본적으로 스튜디오 카메라 감독의 구성은 방송사마다 조금씩 차이가 있겠으나 MBC의 경우 가장 경력이 많고 직급이 높은 사람이 2번 카메라의 선임 감독이 되고, 두 번째로 경험이 많은 사람을 1번 카메라 감독으로, 연차가 오래되지 않은 사람을 3번 카메라 감독으로 구성한다.

🎬 스튜디오 카메라 감독의 업무 진행 과정

스튜디오 드라마의 경우 카메라 감독은 제작 한 달 전후에 연출자와 미팅을 통해 드라마의 전반적인 내용과 흐름에 대해 의견을 교환하고, 주어진 시놉시스로 극의 흐름과 연기자의 성격을 파악한다.

특히 드라마 속 인물들의 성격 및 관계도를 파악하여 개략적인 Shot의 구성을 설정하기도 하고, 연출팀에서 제공하는 드라마 인물 설정표를 연구하기도 한다.

스튜디오 연속극의 경우

- 스튜디오 녹화 개시 약 1개월 전에 미팅
- 연출자가 추구하는 영상 파악
- 특별한 카메라와 주변 장비 논의
  (부감용 사다리나 특별 렌즈 또는 미니집 사용 여부 등)
- 주연급 연기자의 스킨톤과 Shot 협의
- 기본 3인 카메라 감독 구성, 경우에 따라 4~5인 구성
- PD와 스튜디오 녹화 협의
- 원만한 스튜디오 녹화 분위기 조성

생방송 쇼 프로그램의 경우

- 스튜디오 녹화 3~4일 전 전체 스태프 회의
- 웹하드 등을 통해 음원과 가사집 전달 받고 숙지
- 빠른 비트의 노래와 발라드 확인 및 구분
- 사전 녹화 가수와 생방송 가수 확인
- 연습용 동영상으로 노래 분위기와 가수 이름 숙지
- 음악 리허설부터 담당 가수의 노래와 콘티 및 위치 확인
- EFP 카메라의 경우 카메라 퍼스트(케이블 셋업맨)과 카메라 동선 확인
- EFP 카메라 운용 시 세트 주변 위험 요소 파악
- 지미집 운용 시 카메라 앵글이나 조명 그림자 사전 체크

중계 프로그램의 경우

(스튜디오 카메라팀이 중계 지원하는 경우)

- 연출자와 중계 기술팀이 중계 현장 사전 답사
- 프로그램 성격 파악(녹화 또는 생방송 여부)
- 제작 카메라 대수 확인
- 카메라 위치 확인
- 동일한 장소에서 타 프로그램 제작 여부 확인
- 야외의 경우 날씨 확인
- 카메라 거치대 설치 여부 확인
- 카메라 주변의 안전 펜스 여부 확인

✏️ 지미집 카메라와 이동용 카메라

✏️ 스탠더드 카메라

쇼 프로그램에서 사용하는 스탠더드 카메라는 스탠드 방청석 뒤에 별도의
거치대를 설치해 좌우 움직임 없이 고정하여 사용하는 편이다.

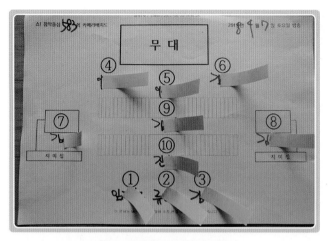

1, 2, 3번 카메라는 스탠더드 카메라, 4, 5, 6번 카메라는 EFP 카메라로 운용된다.
7, 8번 카메라는 무대 좌우에서 지미집 카메라로,
9, 10번 카메라는 무대 바닥에 설치된 레일 카메라로 운용된다.

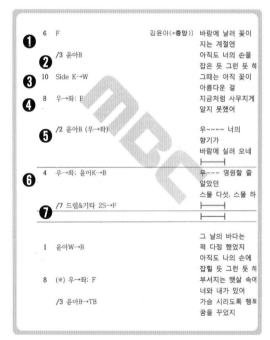

❶ 6번 무대 앞 EFP 카메라로
Full Shot

❷ 3번 스탠더드 카메라로 Bust Shot

❸ 10번 스탠딩 객석 뒤에서
Dolly 카메라로 Side Knee Shot

❹ 8번 무대 오른쪽 지미집 카메라로
우에서 좌로 Full Shot

❺ 2번 중앙의 스탠더드 카메라로
Bust Shot

❻ 4번 무대 왼쪽 앞의 EFP 카메라로
우에서 좌로 Knee Shot에서
Bust Shot

❼ 7번 왼쪽 지미집 카메라로 드럼과
기타 2Shot에서 Full Shot

✏️ 노래 가사에 맞춘 카메라 콘티

✏️ **MBC 주말 드라마 촬영 장면**

카메라가 세트 안쪽에 들어가 Shot을 잡고 있는데, 이러한 장면을
'뒤집어 촬영한다'고 표현하기도 한다.

✏️ **뒤집어 촬영한 장면**

소파에 앉아 있는 연기자의 모습이 왼쪽 연기자의 시선에서
표현되고 있으며, 이를 '시선 컷'이라고 한다.

✏️ MBC 주말극 스튜디오 촬영 장면

카메라와 마이크붐, 조명 관련 스태프들이 제작에 임하고 있으며,
카메라 감독과 협의하여 상호 최적의 위치를 만들어 나간다.

✏️ 벽체 세트가 열린 모습

✏️ 벽체 세트가 닫힌 모습

연기자의 스킨톤을 밝게 하고, 프로필 Shot을 피하기 위해 세트에 경첩을 설치해 여닫기도 한다.
세트를 여닫을 때마다 조명의 위치도 조금씩 조정한다.

✏️ **녹화 중인 카메라와 아이패드 전자 대본**

연출자가 콘티 대본을 완성해 인쇄소에 보내면 연습 대본에 콘티를 작성한 파일을
카메라 감독이나 아이패드를 사용하는 스태프 등에게 이메일로 보낸다.

✏️ 대담 프로그램이나 쇼에서 사용하는
무인 Dolly 카메라와 레일

✏️ Dolly 카메라 운용 모습

왼쪽은 카메라의 포커스와 줌인을 담당하는 카메라 감독,
오른쪽은 좌우를 무인으로 조정하는 운용 엔지니어의 모습이다.

4-4 카메라 퍼스트 업무

카메라 퍼스트(셋업맨)는 촬영에 관심이 많은 사람이나 학교나 아카데미 출신이 입문하는 편이며 카메라의 기초적인 구성이나 운용에 대해 학습하기 좋은 업무이다.

🎥 카메라 퍼스트의 기본 업무와 입문

스튜디오에서 프로그램 녹화 및 중계 제작 시 사용하는 카메라나 주변 영상 장비 등을 설치하는 역할을 한다.

카메라 퍼스트는 촬영에 관심이 많은 사람이나 학교나 아카데미에서 미디어와 영상 촬영을 공부한 사람이 입문하며, 카메라의 기초적인 구성이나 운용에 대해 학습하기 매우 좋은 업무라고 생각한다.

🎥 카메라 셋업 구성

스튜디오나 중계 제작 시 기본적으로 1대의 카메라에 1명의 카메라 퍼스트원으로 구성한다. 따라서 드라마에 3대의 스탠더드 카메라와 2대의 EFP(Electronic Field Production) 카메라를 사용하면 5명의 카메라 퍼스트를 사용해야 하다. 이 인원은 최종적으로 연출자나 제작사와 협의하여 결정한다. 드라마에서는 대본의 콘티와 세트에 따라 카메라가 수시로 움직이고 이동해야 하기 때문에 대본과 큐시트를 보고 사전에 준비한다.

EFP 카메라를 담당하는 카메라 퍼스트는 연출자의 콘티에 따라 카메라가 수시로 이동하며 앵글을 구사하므로 카메라 감독과 카메라 퍼스트의 호흡이 중요하다.

쇼 프로그램의 경우 드라마와 달리 움직이는 카메라와 고정된 카메라로 나누어진다. 스탠더드 카메라는 고정된 위치에서 진행하며 카메라 감독 옆에서 가사집을 챙겨주기도 한다. 중계 프로그램의 경우 카메라 위치는 카메라 감독의 지시를 받아 중계팀과 함께 설치한다. 야외 제작이기 때문에 스튜디오 제작보다 여러 가지 변수에 대비해야 한다. 쇼 프로그램이나 중계 제작에 사용하는 지미집은 별도로 외주사에서 진행하는 편이다.

🎥 카메라 퍼스트의 업무 진행 과정

드라마(스튜디오 연속극)의 경우

- 카메라 창고에 보관된 카메라 본체를 케이블 분리해 스튜디오로 이동
- 카메라 번호 순서대로 스튜디오에 배치
- 리허설에서 대본에 체크된 콘티와 카메라 위치 확인
- 카메라 콘티 수정 시 대본 체크
- 리허설 이후 카메라 조정 시 스튜디오의 상시 조명 모두 오프
- 그레이 차트를 설치해 카메라 조정(얼라인) 및 연기자 스킨톤 작업
- 인터컴의 통화 상태와 뷰파인더의 영상 상태 크로스 체크
- 녹화 시 대본과 스케줄 표 확인, 카메라 케이블이 엉키지 않게 관리
- 부감용 사다리나 EFP 카메라에 필요한 카메라 부속 장비 준비
- 녹화 종료 후에 EFP 카메라 우선 철수
- 스탠더드 카메라 파워 오프, 렌즈 뚜껑 장착, 케이블 분리 후 창고 입고
- 부조정실 별도 창고에 EFP 카메라 입고

📝 드라마 제작 참여 중인 카메라 퍼스트

녹화 시 카메라를 이동시키거나 카메라의 특수 장비(미니짚이나 부감 사다리 등)를
설치할 때 신속하게 진행한다.

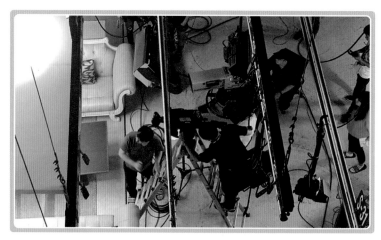

📝 사다리 부감대를 사용해 드라마를 녹화하고 있는 모습

카메라 감독의 요청에 따라 사다리 부감대를 준비해 설치한다.

쇼 프로그램의 경우

- 카메라 감독으로부터 스튜디오 카메라 위치 확인
- 카메라 창고에서 카메라 출고
- 카메라 케이블 설치 작업
- 영상 모니터 설치 작업
- 카메라 조정(얼라인) 진행
- 카메라 위치에 따른 카메라 설치
- 부조정실의 영상 감독과 카메라 인터컴의
  통화 상태와 뷰파인더 정상 작동 여부 확인
- 카메라 리허설 참여
- EFP 카메라의 동선 확인
- 카메라 케이블과 주변 케이블 혼선 여부 확인

✏️ **쇼 프로그램의 카메라 감독과 카메라 퍼스트**
생방송 쇼 프로그램에서 스탠더드 카메라는 움직임이 크지 않기 때문에
카메라 퍼스트는 카메라 감독의 가사, 콘티, 대본 등을 미리 준비한다.

중계 프로그램의 경우

- 중계 장소 확인(야외, 실내 등)
- 제작 장소와 중계차와의 거리 확인
- 케이블 안전 장치(옐로우 자켓) 설치 여부 확인
- 현장 전원 사용 가능 여부 확인
- 카메라 설치대 안전 여부 확인
- 카메라 주변의 안전 체크

카메라 케이블을 정리 중인 카메라 퍼스트

녹화 시작 전에 카메라를 먼저 스튜디오에 입고시킨 후, 케이블을 정리하여 카메라의 본체와 연결한다.

카메라 케이블

카메라 케이블을 8자로 꼬아서 정리하면, 케이블이 엉키지 않고 운반하기 편리하다.

✎ 그레이 차트를 조종하는 카메라 퍼스트

EFP 카메라는 렌즈의 구경이 짧기 때문에 스탠더드 카메라보다 앞쪽에서 설치해 진행한다.

✎ 카메라에 설치된 진행 큐시트와 인터컴

카메라 퍼스트는 카메라 조정을 마친 후 부조정실의 영상 감독과 카메라 인터컴을
체크하고 진행 큐시트를 카메라에 부착해 생방송을 준비한다.

카메라 퍼스트 업무 알아보기

☆ 박순범 텔레라인 감독

어떤 업무인가요?

각종 콘텐츠의 제작 및 중계 등에서 카메라와 관련한 각종 지원 업무를 담당하고 있습니다. 수년 전에는 '카메라 보조'라고 칭하였으나 지금은 카메라 감독을 지원해 주는 '카메라 퍼스트'라고 부릅니다.

카메라 퍼스트가 필요한 이유는 무엇인가요?

스튜디오나 야외 드라마 프로그램을 제작할 때 카메라의 이동과 설치에 관한 모든 과정을 카메라 감독과 함께 진행해야 합니다. 중계 카메라 위치 설정과 운영 과정에서 본사에 해당하는 인력이 모자라기 때문에 카메라 퍼스트가 필요합니다.

드라마 제작 시 카메라 퍼스트의 인원 구성은 어떻게 되나요?

야외 드라마 촬영을 제작하는 영상 1부(MBC의 경우 영상 1부는 야외 ENG 카메라 운용, 영상 2부는 스튜디오와 중계 카메라 운용)는 3~5명으로 구성됩니다. 연속극 형태의 스튜디오 드라마 제작 시에는 5대의 카메라에 5명이 투입되고, 카메라 관련 특수 장비 등을 사용할 때 1명이 추가됩니다.

스튜디오 일일극 드라마의 업무 과정은 어떻게 되나요?

우선 제작할 세트를 점검한 후 카메라 배치에 따라 카메라 케이블을 포설하고 당일 녹화에 필요한 카메라 액세서리나 장비를 준비합니다. 이후 드라이 리허설에 참여해 카메라 감독과 함께 연기자의 동선을 상호 체크하고, 카메라 얼라인 준비를 끝냅니다. 영상 엔지니어와 카메라에 장착된 인터컴의 송수신 여부와 각종 신호 등을 확인한 뒤, 당일 대본을 준비해 첫 녹화를 진행할 세트로 카메라를 이동 시켜 촬영을 진행합니다.

카메라 케이블을 정리하는 방법은 무엇인가요?

케이블을 원형으로 둥글게 말아서 정리하면 사용하다 케이블이 엉키는 현상이 발생하기 때문에 8자 형태로 정리합니다. 이 방법은 모든 방송사에서 동일하게 운용하고 있습니다만 카메라 창고에서는 2인 1조로 정리하게 되면 케이블이 꼬이는 일이 발생하지 않기 때문에 8자 형태보다 원형 형태로 정리하기도 합니다.

<쇼 음악중심>의 카메라 운용 인원은 어떻게 되나요?

〈쇼 음악중심〉에서는 10대의 카메라를 사용하는데 8명이 투입됩니다. 레일 카메라 2대는 해당 업체에서 운용 요원이 별도로 진행하고 나머지 카메라에는 모두 참여합니다.

이 업무에는 어떤 사람이 입문하나요?

방송과 카메라에 관해 관심이 있거나, 향후 스튜디오나 중계 또는 촬영 전문 회사에 카메라 감독이 되고자 하는 사람들입니다.

신입 채용은 언제 이루어지며, 면접 기준은 어떻게 되나요?

결원이 발생하거나 향후 프로그램이 추가되는 경우를 대비해 보통 제작 한 달 전에 미리 채용하는 편입니다. 일주일 정도 수습 기간을 두고 방송에 대한 관심도와 하고자 하는 열정, 시간 약속을 잘 지키는 사람인지 등을 확인한 다음 채용 여부를 결정합니다.

4–5 중계 기술 업무

중계 업무는 항상 야외에서 생방송으로 제작되는 경우가 많고 변수가 발생하기 때문에 사전에 대비해야 하고, 기술 감독은 중계차의 출발부터 제작을 마치고 중계차가 방송사 차고에 주차될 때까지 안전을 살펴보아야 한다.

(1) 중계 기술 감독

🎦 기본 업무

중계방송이란 방송사 외의 장소에서 중계차 혹은 중계 시스템을 이용해 다양한 장르의 프로그램을 제작하거나, KT에서 포설한 광랜(광섬유를 이용하는 구내 정보통신망), 마이크로웨이브(M/W), 위성통신(SNG), LTE(4세대 이동통신 방식)등을 이용해 방송하는 것을 말한다. 바로 이러한 기술적인 업무를 디자인하고 실제적으로 구성하여 처음부터 마지막까지 책임지는 것이 중계 기술 업무이다.

중계 현장에 사용되는 중계차는 OB(Outside Broadcast)이며 중계차는 통상 OB#3호차 등으로 표시하기도 한다. 중계 기술 감독은 중계차의 모든 기술적인 업무를 책임지며, 중계차 안에서는 스위처(switcher)를 담당하고, 연출자나 관련 파트와 업무 협의를 하거나 대외적인 코디네이터 역할을 한다.

중계 업무는 야외에서 제작되어 다양한 변수가 발생하기 때문에 중계 기술 감독은 중계차의 출발에서 중계차가 제작을 마치고 차고에 주차될 때까지 안전에 철저하게 신경써야 한다. 업무 특성상 뉴스 프로그램부터 대형 쇼 프로그램과 스포츠 프로그램까지 제작하는 관계로 업무에 앞서 담당 연출자와의 업무 조율 및 협의가 필요하다.

🎥 중계 기술 감독 입문

중계 기술 감독은 주로 중계 파트에서 영상이나 음향 감독으로 10년 이상 근무한 요원이 선발되는 편이다. 야외 뉴스나 생방송 날씨 등 카메라 대수가 작은 중계차에서부터 경력을 쌓아 10대 이상의 카메라가 있는 대형 중계차의 기술 감독으로 올라간다.

🎥 중계 기술 감독의 업무 진행 과정

쇼 프로그램의 경우

- 생방송과 녹화 방송 여부
- 제작 관련 연출팀과 현장 답사
- 기존 프로그램 모니터
- 동일 장소 프로그램 제작 일지 참조
- 중계차 주차 공간 위치 및 안전성 확보
- 소음으로 인한 주변 민원 발생 요인 체크
- 발전차의 위치 확인
- 현장 전원(한국 전력) 사용 가능 여부 확인
- 제작 카메라의 대수 체크
- 중계차 사전 설치 시 방호 장치 점검

중계 현장 답사의 주안점

- 중계차의 주차 공간

- 중계 영상의 소스 관련

- 장비 설치 시 외부 설치 요원 사용 여부

- 음향석의 위치와 주변 소음

- 무대 위치와 중계 장소, 리포터 위치 확인

- 출연자의 동선 파악

- 현장 담당자의 연락처 확인

- 현장 스케치 사진이나 동영상

- 주변 숙소 파악(성수기 시 예약 필수)

UHD 제작 전용 중계차

컨테이너 형태로 제작되어 중계차의 내부 환경이 대폭 개선되었으며,
보다 넓은 공간에서 효율적으로 중계할 수 있다.

(2) 중계 음향 감독

🎬 기본 업무

스튜디오나 고정된 장소에서 진행하지 않은 모든 프로그램의 음향을 컨트롤하는 업무이다. 제작하는 장소가 일정하지 않기 때문에 많은 변수가 발생할 수 있다.

스튜디오와 마찬가지로 프로그램의 제작 의도에 따라 준비하는 장비와 마이크의 종류가 결정되고, 현장 확성음(PA 또는 SR)의 유무에 따라 여러 가지 장비와 인원이 결정된다.

제작 전에 연출자와 사전에 충분히 협의하여 음향과 기본 장비에 대한 정리를 마친 후, 그 장소에서 제작된 유사 프로그램 등을 모니터링하고 제작 관련 스태프와 함께 현장을 답사한다.

제작 장소가 야외와 실내로 나누어지고 현장 확성음의 유무에 따라 중계 음향과 현장 음향에 대한 설계를 병행해야 한다. 야외인 경우 날씨라는 변수가 가장 크기 때문에 이에 대한 준비도 함께 해야 한다.

🎬 중계 음향 감독 입문

음향 감독은 기본적으로 1명이 출연하는 날씨 프로그램, 뉴스에서 기자만 출연하는 프로그램이나 2명이 출연하는 체조 프로그램으로 입문한다.

야외에서 진행하는 대형 음악 프로그램의 중계 음향 감독은 스튜디오 등에서 음향에 대한 기본적인 노하우를 쌓거나 중계 파트에서 10년 이상 음향 업무를 담당한 엔지니어가 입문하게 된다.

중계 음향 현장 답사의 주안점과 업무 과정

- 음향석의 위치와 코멘터리석의 위치 확인
- 주변 소음 체크
- 마이크 종류 및 유무선 마이크 사용 여부
- 현장 확성음(Sound Reinforcement) 사용 유무
- 악단 편성 시 합창단과 출연자 인원, 악기 종류 체크
- 특수 장비 사용, CD와 MD 사용 유무
- 야외와 실내 확인
- 중계차의 위치 선정
- 현장 확성음 유무
- 현장 전원 유무

📝 중계차의 위치

중계차의 위치에 따라 외부적 요인이 많이 작용한다. 음향에서 중계차의 위치를 선정하는 것은
방송 제작의 첫 번째 단계이며, 보통 사전 답사와 제작 일지를 바탕으로 중계차 위치를 선정한다.

(3) 중계 현장 음향 감독

기본 업무

프로그램 제작 시 중계 음향 감독을 보조하고, 현장의 음향을 담당하여 프로그램을 함께 만들어 가는 업무를 말한다.

음향 현장 감독은 중계 음향 감독의 설계에 맞춰 기본적인 중계차 장비를 체크하고 추가로 필요한 장비를 탑재한다. 장비가 없는 경우 음향 감독과 상의해 유사한 장비로 대체하는 등 제작에 차질이 없도록 사전에 준비한다.

장비 체크

장비 체크는 중계 보조와 함께 진행하며, 제작 현장에서는 중계 보조에게 지시하며 함께 작업한다. 대형 프로그램 제작 시 중계차 담당 크루 이외에 별도의 중계 용역 요원과 함께 작업을 진행하기도 한다. 대형 쇼의 경우는 제작 4~5일 전부터 준비하며, 야외의 경우에는 날씨 등의 변수를 대비하고, 비상시 대처에 대해서도 준비해야 한다.

중계 현장 음향 감독의 업무 진행 과정

- 음향 감독과 제작 일정 논의
- 중계차 음향 장비 확인
- 장비 망실 유무 체크
- 현장 분위기 체크
- 외부 음향 확성팀(PA 전문회사) 사용 유무 체크
- 음향 전원 체크(발전차나 한전)
- 현장 음향 컨트롤 부스 확인

✏️ **중계차에 케이블이 포설된 장면**

중계차 작업의 처음과 끝은 케이블의 포설이다. 음향을 비롯한 중계 현장과 중계차 간에
케이블이 짧을수록 유리하기 때문에 효율적인 케이블 설치 및 관리가 필요하다

✏️ **MBC 내 중계 차고지**

중계가 끝나면 모든 중계차는 차고지로 옮겨지며,
중계 시 문제가 되었던 장비는 점검 및 정비가 이루어진다.

(4) 중계 보조 업무

기본 업무

중계 보조는 프로그램 중계 제작 시 중계차의 모든 장비를 설치하고, 음향 감독이나 현장 감독의 지시를 받아 중계차 외부에서 업무를 진행하며, '중계 크루'라고 부르기도 한다.

중계차 카메라의 대수에 따라 중계 보조 인원수도 달라지는데, 10대 이상의 카메라를 갖춘 대형 중계차의 경우 3명 이상의 중계 크루가 배정된다. 그리고 대형 공연이나 축구 중계와 같이 넓은 공간에서의 중계 방송은 중계 크루 이외에 별도의 용역 회사로부터 중계 보조 인원을 지원받기도 한다.

방송 제작 현장에서는 주로 현장 감독의 지시를 받으며, 장비 이동이나 스태프의 인터컴, 출연자 마이크를 지급하고 반납하는 업무를 진행한다. 음향 관련 장비는 스피커 등의 대형 장비에서부터 핀마이크 같은 작은 장비가 두루 사용되기 때문에 장비를 철수할 때 신경을 많이 써야 한다.

중계 보조의 업무 과정

- 중계 장비 테스트와 이상 유무 체크
- 생방송인 경우 예비 장비 추가 확보
- 현장 중계차 및 음향 전원 확보(발전차나 한전)
- 음향 멀티 케이블 포설과 현장 마이크 및 스피커 설치
- 프로그램의 성격에 따라 외부 중계 요원과 작업
- 방송 제작 시 현장에서 음향 및 영상 모니터
- 제작 후 장비 철수(설치 역순, 장비 반납 여부 체크)
- 이상 장비는 음향 감독에게 보고

✏️ 카메라 케이블 드럼

✏️ **중계차에 케이블을 설치하는 중계 보조 요원**

모든 중계 장비는 사용할 때보다 이동하는 과정에서 고장이 나는 경우가 많기 때문에 안전하고 정확하게
매뉴얼에 따라 작업해야 한다. 또한 대부분 볼트와 너트, 기타 조임 방식으로 설치를 진행하기 때문에
나사 망실에 유의해야 하고 문제가 발생하면 즉시 선임자에게 보고해야 한다.

✏️ **중계용 카메라 케이블 정리 모습**

중계차에서 나온 카메라 케이블도 스튜디오와 마찬가지로 꼬이는 것을 방지하기 위하여 8자 형태로 정리한 후
통로에는 안전을 위하여 케이블 배선 덮개(현장에서는 옐로우 자켓으로 부름)로 마무리한다.

✏️ **케이블 배선 덮개(옐로우 자켓)를 사용하여 케이블의 정리가 잘된 출입구 모습의 예**

5장 제작 기술 전반 작업 관련 업무

본 장에서는 프로그램의 제작에 종사하고 있는 기술 업무 중 프로그램 제작의 전반 작업을 다루어 보았다. 스튜디오에서 제작 시 다소 미진한 부분을 정확하게 체크해 후반 작업 시 보다 쉬운 제작 환경을 제공하며 많은 엔지니어가 참여한다.

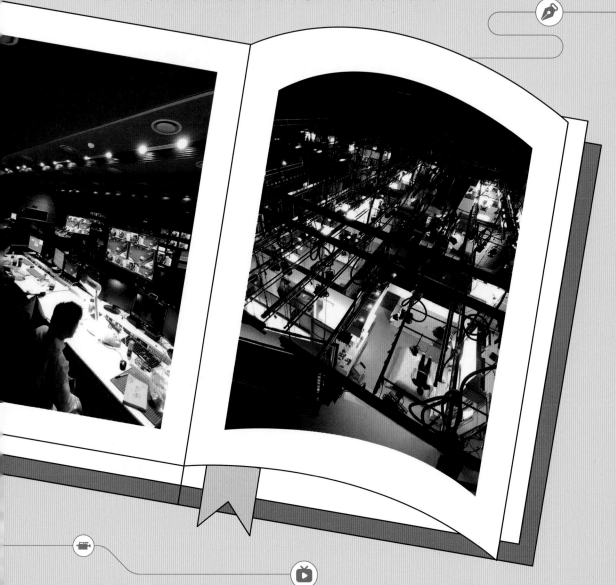

5—1 제작 기술 총괄 업무

기술 감독은 조명, 영상, 음향 등 기술 파트의 총괄 책임자이며, 연출과 스튜디오의 스태프 간에 중재자 역할을 한다.

🎬 기술 감독의 기본 업무와 필요 역량

프로그램 제작의 첫 모니터 스태프로 영상 음향 등의 기술적인 부분과 연출, 다른 스태프 간의 중재자 역할을 한다. 스튜디오 녹화나 생방송 진행 시 기술 관련 파트(영상, 녹화, 조명, 음향, 카메라)의 전반적인 조정과 운용을 담당하며, 연출자와 협의하여 스튜디오의 카메라 감독과 스태프, 부조정실 기술 스태프의 조정자 역할을 한다.

기술 감독은 기술 파트 중 영상이나 음향 조명 파트에서 10년 이상 근무한 자가 선발되는 편이고, 기술적인 면은 물론이고 현장의 여러 스태프를 아우르고 배려하는 원만한 성격을 갖추는 것이 좋다.

🎬 방송사 기술 감독의 종류

제작 기술 감독	중계 기술 감독	뉴스 센터 기술 감독
라디오 기술 감독	송출 기술 감독	종합 편집 기술 감독

 ## 기술 감독의 업무 진행 과정

드라마의 경우

- 녹화 대본 숙지
- 당일 스튜디오 세트 점검
- 드라이 리허설 참여
- 변경된 콘티 대본 체크
- 녹화 스케줄 확인
- 서버 녹화 상태와 송출 여부 확인
- 믹스 콘솔 등 부조정실 장비 체크

생방송 쇼 프로그램의 경우

- 제작할 음원 청취
- 연출자 콘티 체크
- 가수의 무대 연습 동영상 체크
- 부조정실 생방송 장비 체크
- 사전 녹화와 생방송 체크
- 연출자와 사전 녹화 스케줄 체크
- 사전 녹화와 생방송 시간 계산 체크
- 방송 사고 비상 시스템 체크

생방송 시사 프로그램의 경우

- 생방송 2시간 전 출근
- 믹스 콘솔(스위처)을 비롯한 영상 장비 파워 점검
- 생방송 근무자 체크(조명, 영상, 음향, 카메라 등)
- 생방송 1시간 전 TV 주정실과 영상, 음향 레벨 체크
- 방송용 테이프 사전 복사 작업 체크
- 방송 불가 화면 모자이크 처리 작업
- 생방송 진행 시 방송 시간을 정확하게 맞추는 작업

✏️ **촬영 녹화 중인 기술 감독**

대본과 모니터를 주시하며, 연출자의 큐신호를 받아 커팅한다. 카메라의 움직임과
연기자의 호흡 등을 살릴 수 있도록 커팅해야 한다.

✏️ **드라마 부조정실 근무 모습**

기술 감독을 중심으로 왼쪽에 연출과 음향 감독, 오른쪽에 영상 감독과 조명 감독이 자리한다.
기술 감독은 녹화 시 전체적인 진행 사항을 파악하고,
연출자와 스튜디오 및 부조정실의 모든 스태프와 원활하게 의사소통한다.

✏️ 생방송을 위해 연출이 작성한 카메라의 콘티 등을 사전에 모니터하는 기술 감독

토요일 생방송으로 진행되는 MBC <쇼 음악중심> 출연자의
안무와 위치, 연출이 작성한 카메라의 콘티 등을 모니터링한다.

✏️ MBC <생방송 오늘 아침>의 PGM 모니터와 시계

왼쪽 상단의 빨간색 숫자는 현재 시간이고 녹색은 생방송이 진행된 시간,
아래쪽 빨간색은 방송이 끝나기까지 남은 시간을 의미한다.
그리고 MC RS4의 모니터는 다음 방송 스케줄을 표시한 운행표를 보여 준다.
기술 감독은 이러한 정보를 바탕으로 제작 시간을 초과하지 않도록 조절하는 역할을 해야 한다.

5-2 스튜디오 음향 업무

음향 감독은 엔지니어로 입사해 3~4년 정도 음향 관련 업무를 한 후 드라마 제작에 투입되는 편이고, 콘솔을 사용하는 방법이나 음색에 대한 음향 감독의 성향에 따라 분위기가 다른 음색이 연출되기도 한다.

(1) 음향 감독 업무

기본 업무

음향 감독은 스튜디오 내에서 드라마의 내용을 바탕으로 기존의 녹화 영상이나 타 드라마를 모니터링하여 출연 연기자의 음색과 발성 등을 먼저 체크한다. 이후 해당 드라마 인터넷 카페에 회원 가입한 뒤 대본을 미리 읽고 전반적인 음향 설계를 준비한다.

음향 감독은 엔지니어로 입사해서 간단한 녹화 프로그램의 토크쇼나 예능 프로그램을 거쳐 드라마 음향 감독 업무를 진행한다. 음향 콘솔을 사용하는 음향 감독의 성향에 따라 분위기가 다른 음색이 연출되기도 한다. 소리를 다루는 음향 작업은 별도로 설계된 공간에서 작업한다.

✏️ 녹음 중인 음향 감독

드라마 제작 시 음향 점검 사항

- 녹화 대본 리딩

- 드라이 리허설 참여

- 연기자 사전 녹음 진행

- 미술 디자이너에게 세트 수정 시 별도 요청

- 스튜디오와 부조정실 간 마이크 상태 체크

- 스튜디오 내 연기자용 확성음 체크

- 부조정실과 스튜디오 스태프 간 인터컴 체크

- 부조정실 효과 감독과 음향 레벨 체크

- 스튜디오 세트 확인

- 부조정실 음향 콘솔 체크

드라마 음향 콘솔

대본에 체크된 마이크 번호를 참고해
위쪽의 음향 페더를 조정하여 픽업하는 모습이다

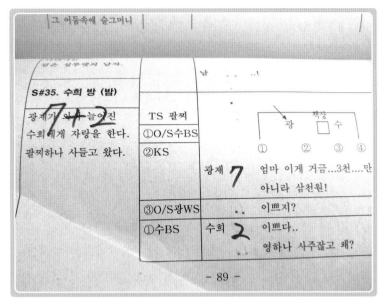

드라마 대본에 체크된 스튜디오 마이크 번호

이 장면에서 광재는 7번, 수희는 2번 마이크를 사용한다는 표시이다. 마이크 붐 오퍼레이터가
스튜디오에서 드라이 리허설을 마친 후, 마이크 번호를 표시해 부조정실 음향 감독에게 전달한다.
붐 오퍼레이터는 카메라 Shot을 보고 마이크의 위치와 높낮이를 조절하고, 음향 감독은 마이크의
픽업 상태를 듣고 음향 게인(Gain)을 조정한다.

▶ 녹화 전 점검 사항

마이크 붐 오퍼레이터(마이크맨)와 함께 리허설 전에 스튜디오 세트를 점검
하고, 마이크 붐 스탠드 사용 구역을 확인한 후 세트에 걸려 설치하기 어려운
곳은 미술 디자이너에게 보강 또는 변경을 요구하기도 한다. 경우에 따라 세트
의 일부를 제거하기도 한다.

스튜디오를 냉난방하거나 환기하는 경우는 녹화 1시간 전에 공조실에 연락
하여 팬 소리가 음향의 수음(pick up)에 영향을 미치지 않도록 조치한다. 일반
적으로는 녹화 직전까지 충분하게 냉난방을 한 후 녹화 시에는 아주 약하게 가
동하는 편이다.

녹화 시 스튜디오 출입구 상단에 설치된 탤리 램프(tally lamp)를 점등하여 스튜디오 녹화 진행 알림을 표시해 외부인의 출입으로 인한 소음을 차단하며, 경우에 따라 진행 팀에게 고지하여 녹화 시 출입문을 통제시키기도 한다.

▶ 녹화 시 주의 사항

드라마 녹화 시 마이크 그림자가 화면에 노출되면 여러 스태프들이 움직이면서 그림자를 없애기 위해 노력한다. 그림자가 화면에 노출되는 이유는 음향과 조명 카메라 Shot 그리고 연출자의 콘티 등 관련 스태프의 일정 부분이 조금씩 해당되기 때문이다.

마이크의 위치가 조명 등의 기구 위치와 같은 방향이거나 마이크 스탠드와 카메라의 위치가 반대쪽에 위치한 상태에서 녹화할 경우 카메라 방향에서 연기자에게 비춘 조명으로 인해 연기자의 얼굴이나 세트에 마이크 그림자가 생길 수 있다.

마이크 그림자는 조명 감독과 협의하여 부분적으로 조명을 옮기거나 조율하기도 하며, 조명 팀과 협의하여 조절한다. 세트에 비추는 그림자는 카메라 Shot이나 연기자의 위치 등을 조절하여 상쇄하기도 한다. 경우에 따라서 세트의 질감 등을 파악하여 세트의 어두운 부분에 마이크 그림자를 숨기기도 한다.

마지막으로 불가피하게 화면에 노출된 마이크 그림자는 영상 후반 작업(특수 영상 작업)을 통하여 화면에서 인위적으로 지우기도 한다. 드라마 운용 중 조명 등기구 온·오프 시 열에 의해 등기구가 뒤틀리면서 발생하는 소음은 온도가 떨어질 때까지 기다리거나 후반 작업 시 처리하기도 한다.

음향 케이블은 전압에 민감하여 강전을 사용하는 조명 케이블과 가까운 곳에 포설하면 노이즈 등이 발생하기 때문에 조명 케이블에 겹치지 않게 거리를 두고 설치해야 한다.

🎬 음향 감독의 업무 진행 과정

생방송 쇼 프로그램의 경우

- 제작용 음원 청취
- 가수의 음성 분석
- 무대용 무선 마이크 주파수 체크
- 무선 마이크 배터리 체크
- 가수 인이어 체크
- 현장 확성음(SR) 여부 확인
- 사전 녹화 시 음향 녹음 형태 확인
- 가수용 AR과 MR 체크

✏️ 음향 컨트롤 룸
별도의 공간에서 음향을 조절할 수 있으며, 생방송인 관계로
2명의 음향 감독이 함께 진행한다.

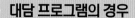

대담 프로그램의 경우

- 프로그램 성격 파악

- 출연자의 움직임 여부 파악

- 유무선 핀 마이크의 사용 여부

- 방청석 유무 체크

- 현장 확성음 여부 체크

생방송 교양 프로그램 음향 콘솔과 큐시트

음향 감독은 큐시트를 바탕으로 타이틀과
오프닝 주요 내레이션 등을 체크한다.

부조정실의 음향 감독

(2) 현장 음향 감독 업무(사운드 오퍼레이터)

🐙 기본 업무

쇼나 예능 그리고 드라마 제작 시 음향 감독과 함께 모든 장면에 필요한 마이크와 붐의 위치를 확인하고 출연자의 동선이나 대본 등을 체크하여 음향 감독에게 전달하는 업무를 한다.

드라마의 경우 스튜디오 음향 담당자의 운용에 따라 연기자의 대사 픽업이 굉장히 중요하기 때문에 부조정실의 음향 감독과의 호흡이 중요하다.

음향 현장 감독의 업무는 네 가지로 요약할 수 있다.

첫째, 드라마에서 마이크 붐을 운용하는 업무

음향의 마이크 수음 체크 및 붐 스탠드의 운용 시 잡음이나 기타 불량한 사항은 없는지 확인하여 교체하기도 한다. 주로 리허설이 끝난 이후 녹화 30분 전에 스튜디오 음향 담당자와 음향 감독이 인터컴이나 마이크를 직접 사용하며 체크한다.

중요한 것은 대본에 체크된 마이크 번호와 음향 콘솔에 패치된 번호가 일치하는지를 정확히 확인하여 실수가 없도록 해야 한다.

✏️ **드라마에서 사용하는 마이크 붐대**

연기자 1명에 한 대씩 운용되며, 여러 명의 연기자가 대사를 할 경우
붐대의 방향 조정기를 사용해 대사하는 연기자의 마이크 위치를 조정하기도 한다.

✍ 마이크 붐에 설치된 네 대의 카메라 모니터

드라마 녹화 시 카메라 앵글에 맞춰 마이크를 원활하게 운용하기 위해 모니터를 장착하여 마이크
그림자나 앵글에 가급적 마이크가 노출되지 않도록 한다. 영상 수신은 무선 WiFi를 사용한다.

마이크 붐은 수천만 원이 넘는 고가의
장비이므로 녹화가 끝나면 반드시 음향
창고에 보관해야 하며, 이동 시에도
손상이 없도록 신경을 써야 한다.

✍ 음향 창고에 비치된 마이크 붐

둘째, 시사 또는 교양 프로그램에서 출연자의 핀 마이크나 무선 마이크를 설치하거나 현장 확성음을 컨트롤하는 업무

스튜디오 음향 오퍼레이터는 부조정실과 스튜디오 간에 음향 체크, 스튜디오 확성음 조정 업무, 크루는 출연자의 마이크를 체크한 뒤 장착하는 일을 담당한다.

✎ 스튜디오 음향 오퍼레이터와 음향 크루

✎ 생방송 토크쇼에 사용하는 스튜디오 음향 콘솔

비교적 작고 이동하기 편하게 설계되어 있다.

셋째, 쇼 프로그램에서 가수의 무선 마이크(와이어리스 마이크)나 인이어를 설치 및 운용하는 업무

넷째, 쇼 프로그램 시 공연장의 현장 확성음(일반적으로 SR)을 컨트롤하는 업무

📝 생방송 쇼 프로그램의 현장 음향을 담당하는 스튜디오 음향 감독

방송 음향과는 별도로 소리를 가장 잘 들을 수 있는 스튜디오 중앙 상단부에서 작업을 진행하며,
현장 확성음(PA, Public Address)을 조절해 가수와 방청석의 확성음을 컨트롤한다.
최근에는 PA를 SR(Sound Reinforcement)이라고 하기도 한다.

◉ 생방송 쇼 프로그램의 마이크 표시 큐시트

〈쇼 음악중심〉은 MBC 생방송 음악 프로그램으로 16~18개 이상의 가수와 팀이 출연하고, 솔로에서부터 10명 이상으로 구성된 팀이 출연하는 관계로 수십 개의 마이크를 준비해야 한다.

〈쇼 음악중심〉에서 사용하는 마이크는 크게 무선 핸드 마이크와 헤드셋 마이크로 나누어지는데, 댄스 가수 팀은 헤드셋 마이크를 얼굴에 부착하고 노래하기 때문에 소속사에서 가수와 자기 팀에 맞는 헤드셋과 가수용 인이어를 준비하고, 방송사에서는 송신기만 준비한다.

방송사에서는 무선 마이크와 헤드셋 송신기를 24개 이상 준비하고, 리허설이 모두 끝나면 방송 사고를 방지하기 위해 모든 무선 마이크와 송신기의 배터리를 새것으로 교체한다.

> MC는 21, 22, 23번 핸드 마이크, 진행 감독(FD)은 20번 마이크를 사용한다는 표시이다.

〈쇼 음악중심〉 큐시트에 표시된 마이크 번호

S/B는 스탠바이의 약자로 마이크 사고 시 대체하는 번호, H1 또는 H3은 핸드 마이크를 의미한다.

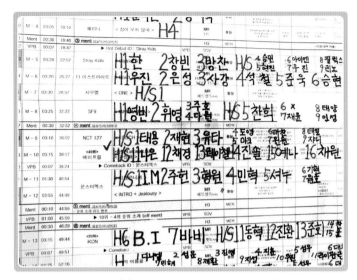

✎ 다소 복잡한 마이크 큐시트

H/S는 헤드셋 마이크를 의미한다.

✎ 방청석 효과 픽업 마이크

보통 객석 픽업 마이크는 스튜디오 공중에 고정 설치되어 있으나, 생방송에서는
보다 나은 객석 픽업을 위해 객석 중간 복도에 마이크를 설치하기도 한다.

(3) 스튜디오 음향 크루 업무(음향 보조)

🦉 기본 업무

스튜디오에서 각종 프로그램 제작 시 음향 감독이나 현장 음향 감독의 지시를 받아 현장에서 음향 콘솔이나 마이크와 기타 음향 관련 장비를 준비하고 설치하는 업무를 말한다.

MBC의 경우 음향 보조의 입문은 평소에 음악과 음향에 관심이 많은 자나 학교나 방송 관련 아카데미 등에서 방송 관련 공부를 한 사람이 방송 인력 파견 회사를 통해 입사하는 편이다.

🦉 스튜디오 음향 크루 업무 진행 과정

프로그램의 성격과 출연 인원 수, 생방송이냐 녹화 방송이냐에 따라 마이크의 종류와 개수가 달라지기 때문에 보다 세심한 준비가 필요하다. 드라마와 쇼 그리고 예능 프로그램 등에서 사용하는 마이크의 종류는 다양하다.

예를 들어 드라마의 경우는 마이크 붐에 적합한 마이크를 사용하고, 토크 프로그램의 경우는 무선 핀 마이크 등을 사용한다.

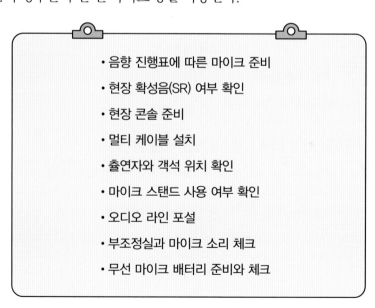

- 음향 진행표에 따른 마이크 준비
- 현장 확성음(SR) 여부 확인
- 현장 콘솔 준비
- 멀티 케이블 설치
- 출연자와 객석 위치 확인
- 마이크 스탠드 사용 여부 확인
- 오디오 라인 포설
- 부조정실과 마이크 소리 체크
- 무선 마이크 배터리 준비와 체크

쇼 SR 음향 업무 알아보기

☆ 박진철 문화음향 실장

PA와 SR의 차이는 무엇인가요?

지금도 현장에서는 PA라고 부르는 경우가 많은데 PA(Public Address)는 소규모 확성음 (트럭에 야채를 싣고 다니며 파는 상인의 마이크를 통해 나오는 스피커 음 정도)을 말합니다. SR(Sound Reinforcement)은 공연장이나 스튜디오에서 대형 스피커를 통해 나오는 증폭된 확성음을 의미합니다.

방송에서 SR은 왜 필요한가요?

방송 음향은 현장에 있는 방청객이 아닌 프로그램을 보는 시청자를 위한 소리(믹싱을 통해 소리를 픽업)를 우선으로 합니다. 그러나 제작 현장에 있는 사람(아티스트나 관객)에게도 작업을 위한 소리가 필요하기 때문에 이것을 SR팀에서 담당합니다.

방송국에서 SR 업무를 직접 진행하지 못하는 이유는 무엇인가요?

첫째로 SR 장비는 고가이기 때문에 방송사에서 구입하기에는 부담이 큽니다. 둘째로 SR 장비를 운용하기 위해서는 여러 명의 인원이 필요하지만 상시로 필요한 업무가 아닙니다. 프로그램의 필요에 따라 임차하는 것이 경제적이므로 방송국에서 직접 운용하지 않습니다.

SR팀의 기본 구성은 몇 명인가요?

장비의 이동부터 설치까지 약 6명으로 구성합니다.

MBC <복면가왕> 녹화의 경우 녹화 전날(월요일)은 무엇을 준비하나요?

악기 튜닝과 무선 마이크의 체크 등 녹화에 필요한 사전 준비를 진행합니다.

<복면가왕>의 경우 본사 음향팀과의 업무 관계는 어떻게 분배하나요?

객석의 확성음과 가수의 인이어와 모니터는 SR팀에서 모두 진행합니다.

<복면가왕> 촬영 시 기본적으로 사용하는 마이크의 개수는 몇 개인가요?

무선 마이크는 30개(본사 24개, SR팀 6개)를 사용합니다. 연예인 판정단의 핀마이크
는 가수가 노래를 부르는 동안 판정단에서 나누는 이야기를 외주 업체 동시 녹음팀이
별도의 오디오로 픽업해 편집하기 위해 사용합니다.

마이크 체크 시 입으로 바람을 불면 안 되는 이유는 무엇인가요?

마이크 상부를 손으로 때리거나 입으로 '후후–'하고 바람을 불면 마이크 앞쪽의 판을 건드
려 막이 찢어지거나 손상될 수 있습니다. 마이크를 체크할 때는 입으로 소리 내어(대부분 '
하나, 둘, 셋'이라고 함) 체크해야 합니다.

가면(복면) 착용 시 음색에 지장이 있나요?

어느 정도 지장이 있긴 합니다. 특히 고음이 약해지는 경우가 있어 후반 작업(믹스다운) 시
이를 보정하기도 합니다.

가수가 노래 중간에 인이어를 빼는 이유는 무엇인가요?

인이어는 가수가 본인이 원하는 악기 등의 소리를 듣기 위해 사용합니다. 관객의 호응 소리
나 분위기를 직접 느끼고자 할 때나 인이어를 통해 들리는 소리가 노래를 부르는 데 방해가
되는 경우 빼기도 합니다.

복면 가수 토크 시 음성 변조용 무선 마이크를 별도로 비치하나요?

별도의 마이크를 사용하지 않고 부조정실에서 이펙트(effect, 변조 효과기)로 조정해 스튜디
오로 내려보내 준 음성을 들려줍니다.

공중에 있는 하우스 스피커와 바닥에 있는 스피커의 차이는 무엇인가요?

스피커는 기본적으로 L과 R 스피커로 구성하며, 정확한 음원을 전달하고 소리의 사각지대
를 없애기 위해 위치와 각도를 다르게 조정합니다.

방송용 음악과 음원 음악의 음질에는 왜 차이가 있을까요?

인터넷을 통하면 음질이 저하됩니다. 네이버나 유튜브 등에 탑재된 음질은 여러 경로를 거
쳐 왔으므로 원래의 음질보다 상태가 좋지 않습니다.

5-3 스튜디오 조명 업무

스튜디오 조명 감독은 해당 프로그램 조명의 전반적인 작업을 다루며, 프로그램 제작 시 촬영의 기본 재료가 되는 빛에 대한 모든 부분을 프로그램의 콘셉트에 따라 디자인부터 감리, 감독 및 진행한다.

(1) 스튜디오 조명 감독

🎥 기본 업무와 필요 역량

스튜디오 조명 업무는 TV 프로그램 제작에 필요한 빛을 디자인하고 운용하는 것을 말한다. 조명에는 촬영을 위한 기본 광량을 제공하는 일반적 기능과 심리적 표현과 미장센 연출 등을 위한 심리적 기능이 있으며, 연출자의 의도와 프로그램의 성격, 장르에 따라 다르게 디자인된다.

스튜디오 조명 감독들은 해당 프로그램의 조명을 다루는 작업을 하며, 프로그램의 콘셉트에 따라 빛의 디자인부터 감리, 감독 및 진행 등의 전반을 담당한다.

조명 감독은 빛은 물론 카메라, 미술, 기술 등 촬영 전반에 걸쳐 폭넓은 지식과 이해도를 갖추어야 하며, 각 분야와 협의하여 작업하는 일이 많기 때문에 원활한 소통 능력과 빠른 판단력이 요구된다.

업무 과정

연속극 조명 감독의 경우

- 녹화 한 달 전후 연출자와 드라마 내용 논의
- 드라마의 기본 설계인 시놉시스 숙지
- 출연진의 인물 관계도 파악
- 세트 디자이너와 세트 위치 및 색감 파악
- 주연급 연기자의 스킨톤 연구
- 야외 조명 감독과 조명톤에 대한 의견 교환
- 야외 촬영물에 대한 모니터링
- 완성된 세트 디자인에 조명 설계
- 스튜디오 조명팀 구성
- 조명 운용 관련 회의

MBC 일일 드라마 세트 마당에 조명을 점등한 장면

조명 감독은 드라마 조명 설계 시 세트의 구조와 조명 배튼의 위치를 정확하게 파악하고,
본인이 구상한 조명등기구를 조명팀과 설치해 드라마 내용에 맞는 조명을 연출한다.

예능 프로그램 조명 감독의 경우

- 연출의 프로그램 조명 의뢰
- 콘셉트 및 예산 협의
- 미술 감독과 디자인 확인
- 디자인에 대한 협의 및 수정
- 디자인 결정 및 조명 도면 작업
- 조명 외주 업체 선정 및 장비 발주
- 조명 장비 설치 진행
- 카메라 리허설
- 생방송 또는 녹화 제작
- 조명 관련 예산 정산
- 프로그램 모니터

중국판 〈복면가왕〉에서 조명 연출 및 운용을 담당하는 감독과 조감독

해외에서의 작업은 많은 변수가 발생하기 때문에 조명 감독은 이에 대한 대비를 해야 한다. 특히 통역사와 많은 대화를 통해 해당 연출자에게 정확한 뜻을 전달해야 한다.

쇼 프로그램(생방송) 조명 감독의 경우

- **제작 8일 전** – 연출자와 메인 작가, 세트 디자이너와 콘셉트 회의
- **제작 7일 전** – 세트 디자이너와 세트 콘셉트 의견 교환
- **제작 5일 전** – 연출, 작가, 조명, 세트, 카메라, 영상, 음향 등의 감독진과 전체 스태프 회의
- **제작 4일 전** – 완성된 가수 음원 청취 및 특수 조명 장비를 외부 조명 협력사에 임차 발주
- **제작 3일 전** – 시뮬레이션을 통해 가상 조명 설계
- **제작 2일 전** – 연출자의 콘티를 바탕으로 음원에 의한 조명 설계
- **제작 1일 전** – 세워진 세트에 등기구 설치, 가상 조명을 실제 조명으로 설치 및 구현하면서 조명 메모리 작업 진행
- **생방송 당일** – 카메라를 통한 조명 연출

✎ MBC 가요대제전 무대 조명

조명 설치가 끝나고 카메라 리허설 직전에
출연자의 위치에 맞춰 조명 체크를 진행하고 있는 모습이다.

🎬 조명 설계와 기법

방송 제작 시 조명 설계는 프로그램의 성격에 따라 조금씩 차이가 있다. 일반적으로는 연출자나 세트 디자인의 콘셉트를 반영하여 조명 설계를 진행하는 편이다.

드라마의 경우는 작가가 만든 시놉시스를 바탕으로 기본적인 조명을 구상한 다음, 연출자의 의도와 세트 디자이너의 세트 콘셉트에 맞춰 조명을 설계하고 원하는 기법을 연출한다. 쇼 프로그램의 경우 방송 시간대와 주 시청자층에 따라 쇼의 성격이 달라지기 때문에 조명 설계도 시청 타깃에 따라 차이가 많다. 교양 프로그램의 경우 쇼 프로그램과는 달리 방송 시간대와 프로그램의 성격에 따라 조명 기법에 차이가 있으며 그에 따라 사용하는 조명 등기구의 종류가 달라지기도 한다.

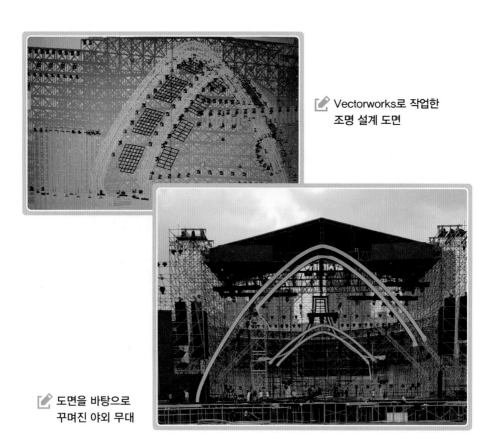

✏️ Vectorworks로 작업한
조명 설계 도면

✏️ 도면을 바탕으로
꾸며진 야외 무대

📝 아침 방송(좌)과 저녁 방송(우) 프로그램 세트와 조명 비교

같은 세트에서 아침과 저녁 생방송을 진행하기 때문에 아침 방송 세트의 호리존트 배경은 블루(blue) 필터,
저녁 방송의 호리존트 배경은 주황(amber) 필터를 사용해 차별화하였다.

📝 조명 효과 장비를 점등해
세트에 컬러를 투사한 모습

📝 세트 바닥에 설치한 조명 효과 장비

(2) 스튜디오 조명 조감독

🎬 기본 업무와 입문

조명 조감독은 스튜디오에서 프로그램 제작 시 조명 감독의 지시에 따라 조명팀의 현장 책임자나 조명 크루에게 작업을 지시하고, 조명 등기구 등을 설치하며 조명 콘솔을 운용하는 자를 말한다.

드라마를 제작하는 경우 조명을 설치하고, 부조정실에서 조명 감독과 함께 조명을 운용한다. 쇼의 경우 조명 감독이 디자인한 조명 큐에 따라 메모리 과정을 통해 조명 콘솔을 운용한다.

조명 조감독은 신입 사원으로 입사하여 드라마와 쇼 그리고 예능과 교양 프로그램 등에서 6~8년 간 근무한 후, 조명 감독으로 입문한다. 주로 엔지니어를 선발하는 편이나 향후 영상이나 사진 등 조명에 대한 경험이 있는 자가 입문하리라 예상한다.

📝 MBC 〈쇼 음악중심〉 조명팀의 모습

오른쪽의 조명 조감독이 스튜디오 무빙 라이트의 운용을 담당하고 있는 모습이다.

스튜디오 조명 조감독의 업무 진행 과정

〈복면가왕〉의 경우

- **제작 4일 전** – 조명 감독과 함께 음원 청취

- **제작 3일 전** – 영상 담당 작가에게서 노래 개별 영상 소스 수령

- **제작 2일 전** – 조명 감독에게서 조명 콘티 수령

- **제작 1일 전** – 스튜디오 조명 설치와 조명 메모리 작업

- **녹화 당일** – 음악 리허설과 카메라 리허설로 조명 메모리 확인

✏️ 조명 콘솔에 메모리 작업을 진행하고 있는 모습

메모리 작업은 프로그램마다 차이가 있지만 드라마의 경우 2시간 정도 소요되고,
예능이나 교양 프로그램의 경우 1시간 정도 걸린다.

(3) 조명 보조 업무(조명 크루 업무)

🎬 기본 업무와 입문

　쇼를 제외한 교양 및 예능 프로그램 그리고 드라마에서 조명 등기구를 설치하고 조명 콘솔에서 메모리 작업을 진행하는 업무를 맡으며 조명 크루라고도 부른다.

　드라마 녹화 중에는 부조정실의 조명 감독이 인터컴으로 지시를 하면, 지시에 따라 조명 등기구의 밝기나 포커싱 등을 수정하는 업무도 담당한다. 조명 설치와 포커싱을 마친 이후 가장 많이 등장하는 세트에 카메라 조정 차트(그레이스케일)를 설치하고 필요한 조명을 점등시켜 카메라 조정을 진행한다.

　조명 보조 업무는 고학력이나 다양한 경력을 갖춘 것보다 방송 업무에 적극적이며 성실한 자세가 더 중요하다. 입사 후에는 드라마와 쇼, 뉴스 조명에 대한 지식 및 전반적인 방송 제작 과정을 습득할 수 있다.

📝 스튜디오 드라마 카메라 조정(얼라인) 장면

조명 보조(조명 크루)는 녹화 시작 전 카메라 조정시 필요한 조명 등기구를 스튜디오 세트에 설치한다.
이때 정확한 설치를 위해 카메라에 비추는 조명 이외의 모든 조명은 소등하고 진행한다.

📝 사다리를 사용해 등기구를 설치하는 모습 📝 등기구의 밝기를 조정하는 모습

드라마 조명 등기구 설치 시 배튼이 하강하지 못하는 세트는 사다리를 사용해 등기구를 설치하는데,
기본적으로 2인 1팀으로 운용한다. 주로 선임자가 사다리 위에서 작업하는 편이다.

📝 조명 조정봉으로 등기구를 포커싱하는 모습

조명 등기구 포커싱은 사다리나 조정봉을 사용한다.

(4) 스튜디오 현장 조명 설치 업무(외부 업체)

🎬 기본 업무와 입문

스튜디오에서 조명 등기구 설치 시 지상파를 비롯한 대부분의 방송사는 자체 인력보다는 조명 설치 전문 회사의 설치 요원으로 업무를 진행하는 편이다. 방송사마다 차이는 있지만 예능이나 교양 프로그램에서는 3~6명 정도의 인원이 필요하며, 드라마의 경우 10명 내외의 조명 설치 전문 회사 직원을 운용하는 편이다.

기본적인 조명 설치 작업은 조명 감독의 설계 도면을 바탕으로 하며, 조명 등기구를 포커싱할 때에는 조명 감독과 함께 조정을 진행한다. 쇼 프로그램의 경우 제작 전날 설치하는 편이고, 드라마의 경우 스튜디오의 사정에 따라 녹화 전날이나 당일 새벽에 조명을 설치한다.

방송사마다 1~2개의 조명 설치 전문 회사와 계약을 맺어 업무를 진행하고 있으며, MBC의 경우 조명 전문 설치 회사와 용역 업무를 맺고 예능, 교양 프로그램, 스튜디오 드라마 조명 설치 시 5~10명 내외의 인원을 구성한다.

외부 조명 설치 회사에 입문하는 것은 다른 파트보다 비교적 쉬운 편이고, 고졸 이상의 학력과 방송에 대한 열정과 적극성이 있으면 가능하다.

외부 협력 업체 직원은 쇼 프로그램 제작 시 가수를 비추는 팔로우 핀 조명을 운용하기도 한다.

✏️ 쇼 프로그램 팔로우 핀 조명을 운용하는 모습

스튜디오 현장 조명 설치 업무 과정

 드라마의 경우

- 제작 일주일 전 조명 감독, 현장 설치 팀장과 조명 설치 논의

- 조명 감독의 조명 디자인 접수

- 조명 감독과 외부 조명팀의 조명 관련 회의 진행

- 자체 조명팀의 구성과 업무 분장 지시

- 2인 1조의 현장 조명팀 구성

- 조명 감독과 조명등 기구 포커싱 작업

- 녹화 시 조명 감독의 지시로 등기구 보완 및 수정

- 조명 스탠드 운영 시 카메라의 위치나 마이크 붐의 위치 협의

- 녹화 종료 후 조명 등기구 안전하게 철수

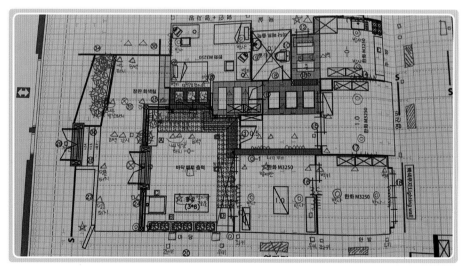

✏️ **조명 등기구의 위치를 표시해 놓은 드라마 세트장 평면도**

조명 설치 전문 회사에 소속된 1~2년차 미만의 설치 요원이 드라마 조명 기구 설치 시 참고하거나
숙지하기 위하여 도면에 조명 등기구 표시 작업을 진행한다.

로케이션 조명 업무 알아보기

☆ 장병철 오로영상 대표

조명팀의 구성은 어떻게 되나요?

발전차 기사 1명과 조명 감독을 포함해 5~6명으로 구성합니다.

조명 퍼스트는 주로 몇 년차인가요?

조명팀은 퍼스트(7~8년차)와 세컨드(3~4년차), 그리고 막내급(1년차 미만)으로 나뉘며, 조명 감독이 되려면 10년 정도 현업에서 일해야 합니다. 미니시리즈 등을 제작할 때 퍼스트급이 B팀의 조명 감독으로 입문하기도 합니다.

미니시리즈 조명팀의 기본적인 제작 방식은 어떤가요?

조명팀을 A, B팀으로 구성하고 A팀은 4일, B팀은 3일로 나누어 촬영하는 편입니다. 메인 조명팀은 A팀의 조명 감독이 담당합니다.

같은 드라마의 B팀 조명 감독은 어떻게 정하나요?

조명의 전반적인 톤을 유지하기 위해 A팀 조명 감독이 지정하는 편입니다. 촬영 감독이나 연출자가 담당하는 경우도 있지만 누가 선임을 하더라도 조명에 대한 톤과 밸런스는 메인 조명 감독과 상호 협의하여 진행합니다.

야외 촬영 시 조명 셋업 시간은 얼마나 걸리나요?

장소와 촬영 방법에 따라 조금씩 차이는 있겠으나 낮 장면은 30분 정도, 밤 장면은 조명으로 처리해야 공간이 많아 1시간 내외가 소요됩니다.

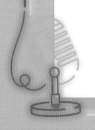

▷ ▷ ▷

야외 드라마 제작 시 몇 대의 카메라를 사용하나요?

야외 촬영의 경우 1~2대의 카메라로 촬영했으나 최근에는 3~5대의 카메라를 동시에 사용하고 있습니다.

여러 대의 카메라를 사용하면 제작이 빨라지나요?

경력이 많은 PD는 비교적 빠르게 촬영하는 편입니다. 작업 성향에 따라 다양한 편집을 위해 많은 장면을 촬영하는 PD도 있어, 카메라를 많이 사용한다고 촬영이 일찍 끝나는 것은 아닙니다.

하루 평균 주야간 몇 신(scene) 정도 촬영하나요?

낮 장면의 경우 10신 내외이고 밤 장면은 낮보다 조금 적게 촬영합니다. 연기자가 많이 등장하는 몹신(mob-scene)의 경우 촬영 시간이 오래 걸리기도 합니다.

야외에도 스튜디오처럼 드라이 리허설을 진행하나요?

여러 대의 카메라를 동시에 사용하기 때문에 장면마다 여러 번 드라이 리허설과 카메라 리허설을 진행합니다.

연출자와 조명톤에 대한 논의는 언제 하나요?

드라마 시작 전에 충분히 논의합니다. 그리고 촬영 장소를 이동할 때 조명 감독과 촬영 감독, 연출자는 차에서 다음 촬영 장면에 대해 논의하는 편입니다.

연기자와 스킨톤에 대해 의견을 교환하나요?

스킨톤에 대한 이야기를 많이 나누는 편입니다. 필요한 경우 반사판 등을 사용해 보강해서 제작합니다.

후반 색 보정에 조명 감독이 참여하기도 하나요?

보정 작업 초반에 촬영 감독과 조명 감독은 무조건 참석해 조명톤과 색에 대해 논의합니다.

야외 촬영 시 주요 조명 기구는 무엇인가요?

낮 장면의 경우 HMI를 많이 사용하고 있으나 LED 광원으로 빠르게 바뀌는 추세입니다.

18kW 대용량 HMI 라이트도 사용하나요?

주로 야간 촬영 시 달빛 효과용으로 사용합니다. 임차료가 비싸기 때문에 주로 연출자 요청하는 경우 사용합니다. 18kW HMI는 별도의 발전기와 대형 크레인이 필요한 장비로 지상에서 수직으로 45m 정도 상승합니다.

조명용 발전기의 용량은 얼마나 되나요?

수년 전에는 75kW급 발전기를 많이 사용했으나 최근에는 100kW를 많이 사용합니다. 드라마가 아닌 CF 촬영 현장에서는 많은 전기가 필요해 200kW를 사용합니다. 조명 감독과 현장마다 차이가 있습니다.

산 정상과 같이 발전기가 없는 곳에서는 전원은 어떻게 사용하나요?

전원이 필요한 다른 현장과 마찬가지로 대용량 배터리팩을 사용합니다.

우천 시에도 촬영을 진행하나요?

기본적으로는 촬영하지 않는 것이 원칙입니다. 시간이 촉박한 경우 꼭 필요한 장면만 조명 기구에 방수포나 우산 등을 씌워 진행합니다. 열이 많이 나지 않는 LED 조명의 경우 김장용 비닐 등으로 조명 기구를 보호해 합선에 의한 안전사고를 대비하기도 합니다. 그러나 비가 많이 오면 조명 등기구가 꺼질 확률이 80% 이상이므로 가급적 촬영하지 않습니다.

✏️ **소프트 박스와 Flexible LED, 스크린 및 스탠드**

UHD 제작 환경의 변화로 스튜디오 조명 기법에도 변화가 생기면서 위와 같은
야외 촬영용 조명 장비들이 현장에서 많이 쓰이고 있다.

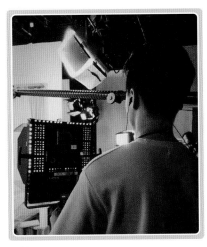

✏️ **드라마에서 조명 기구를 운용하는 모습**

조명 설치가 끝나고 녹화가 시작되면, 조명 설치를 마친 조명 운용 요원이
스탠드에 부착된 조명 기구를 조명 감독의 지시에 따라 운용한다.

5-4 스튜디오 영상 업무

프로그램 제작 시 스튜디오에서 사용되는 카메라를 조정하여 최적의 영상 조건을 만들고, 조명 감독이 구현하는 조명을 프로그램의 내용에 맞게 조합하여 영상미를 만드는 작업을 한다.

(1) 영상 감독 업무

🎥 기본 업무

스튜디오에서 사용되는 모든 카메라, 부조정실의 스위처(영상과 음향의 믹싱 콘솔)를 비롯한 모든 영상 장비를 운용하고 조정하는 업무를 말한다.

프로그램 제작 시 스튜디오에서 사용되는 카메라를 조정(align)하여 최적의 영상 조건을 만들고, 조명 감독이 구현하는 조명을 바탕으로 프로그램의 내용에 맞게 영상미를 만드는 작업을 한다.

최근에는 영상 감독을 '스튜디오 영상 컬러리스트'라고 칭하기도 한다.

일반적으로 엔지니어로 방송사에 입사해 간단한 교양이나 토크 프로그램을 진행하면서 영상 감독으로 입문하는 편이다. 드라마의 경우는 3~4년 정도의 경력을 갖추면 투입되고, 카메라를 10대 이상 사용하는 생방송 쇼 프로그램의 경우는 경력 10년 이상의 영상감독이 진행하기도 하며 대형 쇼프로그램의 경우 2명의 영상 감독이 참여하기도 한다.

스튜디오 영상 제작 과정

토크 프로그램의 경우

- 부조정실 전원 연결
- 스튜디오에서 사용할 EFP 카메라 반출
- 스튜디오 스탠더드 카메라 반출
- 카메라 조정(align)
- 부조정실 영상 장비 점검
- 스튜디오 카메라 소스 점검
  (인터컴, TALLY, 뷰파인더, 백포커스 등)
- 제작 직전 여자 모델의 스킨톤 확인
- 제작 시 영상의 밸런스와 조리개(아이리스) 조정
- 제작되는 영상물 녹화 확인 체크
- 조명 감독과 함께 조명 · 영상의 밸런스와 밝기 체크
- 제작 종료 후 영상 전원 차단
- 이상 장비 현황 영상 정비실 또는 익일 근무자에게 전달

드라마를 녹화 중인 비디오 감독

모니터와 계측기를 보면서 영상을 조정하고 있다.

모니터를 조정하고 있는 비디오 감독

정확한 모니터 조정은 영상 제작에서 최적의 영상을
만드는 가장 기본적인 업무 중 하나이다.

(2) 영상 정비 업무

기본 업무

　방송사에서 사용되는 모든 영상 장비의 안정적인 상태를 유지 보수하는 인력으로 정기적인 부조정실 장비 점검과 더불어 신기술 도입에 따른 장비 성능 검토를 담당하고 있다. 항상 새로운 기술에 발맞추어 영상 장비에 대한 연구와 아이디어를 습득해야 하며, 유관 부서와의 긴밀한 업무 협의를 통해 각종 대형 프로그램 제작 시스템 기반을 안정적으로 구축하는 업무를 담당하고 있다.

　영상 정비 업무에는 기술직에서 영상과 관련 있는 업무를 3~5년 이상 진행한 엔지니어를 상대로 영상 시스템적인 면에서 포괄적인 시야를 넓히기 위해 인력이 배치되고 있다. 방송 제작 경험을 바탕으로 신기술에 대한 지식 습득 및 영상 시스템 구축과 점검 운용에 대한 노하우를 보다 심도 있게 배울 수 있는 파트이기도 하다.

업무 내용

- 부조정실 영상 장비 정기 점검 실시(VMU, 카메라, 라우터, 모니터 등)
- 신규 UHD 부조정실 시스템 구축 개발
- 연간 업무 운영 계획, 장비 운용 경비 및 장비 투자 예산 편성 작업
- 유관 부서와 신규 장비 개발 의뢰 업무 협의 진행(UHD 엑서버 개발)
- UHD 장비 사전 기술 검토 진행 및 신기술 관련 업무 세미나 진행
- 각종 대형 프로그램의 제작 관련 업무 협의 및 제작 시스템 구축 작업

📝 카메라 조정(얼라인) 대기 중인 ENG 카메라

야외 촬영팀의 ENG 카메라는 영상 정비실에서 정기적인
얼라인을 마치고 촬영에 임하는 편이다.

📝 영상 정비를 위한 각종 기기함

카메라 장비와 영상 정비에 필요한 모든 부품이 비치되어 있고
필요에 따라 해당 업체에게 의뢰해 보수하기도 한다.

5--5 서버(녹화) 업무

서버 녹화의 장점은 '다시 보기'가 용이하고 '무한 복제'가 가능하며 테이프의 열화로 인한 원본 손실이 거의 없고, 스튜디오에서 제작되고 있는 카메라 수만큼 녹화가 가능하다.

기본 업무

일반적으로 프로그램 서버 근무자는 드라마와 예능, 그리고 시사 교양 프로그램에서 편집을 위한 카메라와 PGM 영상 소스를 녹화하고, 각종 생방송에서 사전 제작물을 재생하는 업무를 맡고 있다. 실제 생방송을 진행할 때에는 정해진 큐시트에 따라 연출자 및 기술 감독과 호흡하며 사전 제작물을 재생하는 업무를 수행하게 된다.

일차적인 업무는 프로그램 편집의 원본이 되는 영상 소스를 만드는 것으로, 부조정실에서 프로그램 제작 시 파일 및 녹화되는 영상의 품질을 검수하며, 가장 최종적인 결과물을 모니터링한다. 이렇게 만들어진 최종 제작물은 미디어 스테이션이라는 공간으로 전송되는데, 각 프로그램 담당자가 수월하게 편집할 수 있도록 녹화 결과물을 미디어 스테이션으로 이전하는 업무를 최종적으로 담당하게 된다.

생방송으로 진행하는 프로그램의 경우엔 방송이 송출되기 전에 미리 제작된 영상물의 품질을 검수하는 업무를 담당하고 있으며, 동시에 Sub 송출용으로 원본을 복사하여 파일 복사본을 준비하는 작업을 병행한다.

쇼프로그램 생방송의 경우 방송 당일 사전 녹화가 40~50% 이상인 관계로 제작 시 신경을 많이 써야 하고 방송 직전에 편집되어 온 영상물을 필수로 체크해야 한다. 최근에는 녹화 감독을 '서버 매니저'라고 부르기도 한다.

🎬 서버 녹화의 특징

최근 제작 형태는 테이프보다 서버나 파일로 녹화하는 방법으로 바뀌고 있고, MBC의 경우 2020년부터 모든 프로그램에서 100% 서버 녹화 방식으로 제작하고 있다.

서버 녹화의 장점은 '다시 보기'가 용이하고 '무한 복제'가 가능하며, 테이프의 열화로 인한 원본의 손실이 거의 없다. 또한 스튜디오에서 제작되고 있는 카메라 대수만큼 모두 녹화가 가능하기 때문에 편집자가 편집에서 사용할 수 있는 '보충 영상'이 풍부하다. 그리고 녹화 도중 문제가 있는 장면을 순간 클릭하면 녹화 후 빠르게 찾을 수 있는 점 등이 편리하다.

단점은 컴퓨터 조작 실수로 인해 녹화에 손상을 가져올 수 있고, 녹화의 실시간 모니터링이 아직은 어려운 편이라는 점이다. PC 기반이므로 기기의 과열로 인한 다운이나 버그의 우려가 생길 수 있으나 최근 장비의 업그레이드로 그 단점이 서서히 보완되고 있다.

MBC의 경우 자체 개발한 eXerver라는 프로그램을 사용하고 있는데, 1대의 PC가 2개의 채널을 운용할 수 있어서 드라마 녹화 시 모든 카메라의 동시 녹화가 가능하다.

녹화된 내용은 제작한 모든 영상이 모아지는 미디어 스테이션 – 네트워크 기반 제작 시스템(Network Production System: NPS실)-으로 보내진다. NPS실로 간 내용은 바로 해당 편집실로 보내지고 부조정실에서 녹화된 원본은 2주 뒤에 삭제한다. NPS실에 저장된 원본은 일반적으로 3달 정도 보관되며 연출 쪽에서 삭제 요청이 있는 경우 삭제하게 된다.

🎬 영상의 체크

녹화 감독은 영상 감독과 녹화 영상의 전반적인 톤과 밸런스에 대한 의견을 교환하며 보다 나은 영상을 추구하는 데 일조한다.

영상과 음향의 최종 단계이므로 마이크 그림자나 노출, 불필요한 장면이 녹화되는 경우 스크립터와 상의하며 후반 작업 시 수정 가능 여부를 판단해 기술 감독이나 연출자에게 고지한다. 그리고 함께 근무하는 스크립터에게 불필요한 부분이 노출되었을 때 후반 작업의 가능성에 대해 알리고, 스크립터를 통해 문제 해결의 단초를 제공한다.

PC를 기반으로 운용하기 때문에 비교적 심플한 모습이다. 방송사마다 운영하는 프로그램이 다르며 MBC의 경우 eXerver 라는 자체 개발 프로그램을 운영하고 있다.

📝 드라마 서버 작업 모습

녹화의 최종 단계로, 영상이나 음향 등이 잘못된 부분을 체크하여 재녹화하거나 후반 작업자에게 표시해 전달하기도 한다.

📝 드라마 녹화를 진행 중인 모습

📝 생방송 프로그램을 방송 중인 녹화실

생방송인 관계로 오른쪽에 현재 시간과 제작 시간,
그리고 남은 시간을 표시하는 시계가 있다.

📝 드라마 제작 시 서버에 녹화되고 있는 작은 화면

연출자의 신호에 따라 선택된 PGM과 CAM의 소스를
포함해 총 5개의 소스로 녹화가 진행되고 있다.

5—6 버추얼 스튜디오(VR) 업무

버추얼 기술 감독은 기술직의 신입보다는 주로 영상 감독 출신의 엔지니어 중에서 선발하게 되는데, 제작을 의뢰한 연출자에게 기술적인 면과 예술적인 영상의 구현에 대한 많은 의견의 교환과 아이디어를 제공해야 한다.

버추얼 기술 감독의 기본 업무와 입문

방송 프로그램 제작에서 촬영하고자 하는 대상물의 배경에 가상 화면을 겹쳐 새로운 영상을 만드는 작업을 말한다. 최근 버추얼 스튜디오 작업은 단순한 배경에서 벗어나 카메라의 워킹과 앵글의 변화 및 연동을 접목해 배경이 원하는 Shot과 유기적으로 결합하며 시각적 다양함을 추구하고 있다.

기본적인 배경(가상 세트)은 연출자와 버추얼 감독이 협의하여 주로 외주 제작사에서 제작하는 편이고, 비주얼 스튜디오에서 접목한 뒤 시뮬레이션을 거쳐 방송 프로그램에 적용한다.

버추얼 기술 감독 입문은 기술직 신입보다는 주로 영상 감독 출신의 엔지니어 중에서 선발하게 된다. 제작을 의뢰한 연출자에게 기술적인 면과 예술적인 영상 구현에 대한 많은 의견과 아이디어를 제공해야 하기 때문에 엔지니어는 타 방송사나 유사 외국 프로그램에 대한 사전 지식을 가지고 있어야 한다.

🎬 버추얼 스튜디오의 장점

버추얼 스튜디오는 제작한 배경을 반영구적으로 사용할 수 있다는 장점이 있어, 실제 세트를 제작해 프로그램을 만드는 것보다 많은 제작비를 절감할 수 있다. 버추얼 스튜디오의 가상 세트는 디지털 형태이기 때문에 자원의 활용도를 매우 효율적으로 높일 수 있고, 실제 세트에 비해 공간과 오브제를 쉽게 추가, 가공, 편집할 수 있다는 장점이 있다.

▶ 버추얼 스튜디오 배경색이 녹색인 이유

> 영상의 디테일이 좋다.

> 한국인이 좋아하는 청색 계통의 의상 착용이 가능하다.

> 서양인의 출연(파란눈)이 가능하다.

> 청색보다 적은 광량의 조명으로 운용이 가능하다.

> 제작 시 눈의 피로도가 낮다.

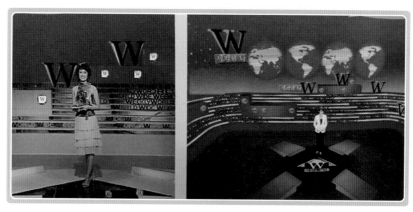

✏️ **실사 세트(좌)와 버추얼 세트(우)의 모습**

실사 스튜디오와 비교했을 때 버추얼 스튜디오가 훨씬 다양한 화면으로 구성될 수 있다.

🎬 제작 과정

- 연출자의 버추얼 스튜디오 제작 의뢰
- 가상 화면 시안(스토리보드) 검토
- 가상 화면 외주 제작사와 회의
- 제작된 가상 화면의 기계적인 테스트
- 고정 모델과 카메라로 가상 화면 구현 테스트
- 실제 제작-파일 또는 테이프
- 스튜디오 조명 검토
- 방송 후 보정 작업

📝 배경 화면에 가상 화면을 조정하고 있는
버추얼(VR) 영상 감독의 모습

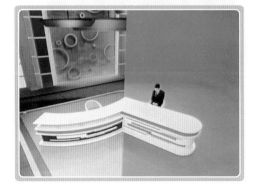

📝 가상과 실제 화면을 영상 합성으로
구성한 장면

왼쪽이 가상 화면이고 오른쪽이
스튜디오 실제 화면이다.

✏️ 녹색 배경에 버추얼 영상 소스를 합성하지 않은 장면

출연자가 정면에 있는 모니터를 보거나, 카메라를 조정해 위치를 정하기도 한다.

✏️ 배경에 필요한 가상 화면을 합성한 MBC 〈통일 전망대〉 스튜디오

6장 제작 기술 후반 작업 관련 업무

5장에서 만든 영상과 음향을 보다 완벽하게 손보는 작업을 말한다. 흔히 후반 작업(완제품 작업)이라고 말하며 최신의 방송 기술 등이 선보이기도 한다. 후반 작업에서는 연출자가 요구하는 이상의 음향과 영상 품질을 향상시키기도 하며 새로운 영상을 창출하기도 한다.

6 — 1 사운드 믹싱 업무

사운드 믹싱 업무는 방송사 엔지니어로 입사해 여러 음향 파트에서 근무를 한 엔지니어나 음향 관련 업무에 관심이 많고 재능이 있는 엔지니어가 주로 담당한다.

🎬 사운드 믹싱 기본 업무와 입문

기본적으로 생방송을 제외한 모든 예능, 교양, 드라마의 음향은 후반 작업을 거쳐 방송이 되는데, 이 작업을 흔히 '사운드 믹싱' 또는 '더빙'이라고 한다. 더빙은 사전적 의미로 '외국어로 된 영화의 대사를 해당 언어로 바꾸어 다시 녹음하는 일'이라 하며, 통상 드라마 음향의 후반 작업도 '사운드 믹스'와 '더빙'이란 말을 사용하기도 한다.

사운드 믹싱 업무는 방송사 엔지니어로 입사해 여러 음향 파트에서 근무를 한 엔지니어나 음향 관련 업무에 관심이 많고 재능이 있는 엔지니어가 담당한다.

예능 프로그램 음악 후반 작업 과정

- 멀티 트랙 현장음 선별 및 레벨 정리
- 음악, 효과음과 함께 레벨 밸런스 조정
- 제작진(CP, 연출, 조연출, 작가 등)의 시사 진행
  (웃음 효과 픽업을 동시에 진행)

교양 프로그램 후반 작업의 개요

- 멀티 트랙 현장음 선별 및 레벨 정리
- 내레이션 녹음
- 음악, 효과음과 함께 믹싱

사운드 엔지니어와 연출자, 그리고
효과맨 등이 제작에 참여한다.

✏️ 사운드 믹스 부조정실

사운드의 후반 작업 시 필요한
연기자나 성우의 목소리가 필요한
경우 스튜디오의 마이크를 사용해
픽업한다.

✏️ 사운드 믹스 스튜디오

🎬 드라마 오디오 후반 작업 과정

편집자와 연출자에 의해 최종 편집된 파일을 사운드 믹스팀과 음향 효과팀이 받아 각자 사전 작업을 진행한다.

음향 효과팀은 스튜디오나 야외에서 픽업하지 못한 소리를 채워주는 작업을 진행하고, 사운드 믹스실에서는 야외 동시 녹음 음향과 스튜디오 세트에서 제작된 음향을 다음과 같이 작업한다.

- 멀티 트랙 현장음 선별 정리 및 가공
- 대사 레벨의 밸런스 조절
- 대사 톤과 음색을 일정하게 조정(야외, 스튜디오 세트)
- 각종 노이즈 제거
- 필요시 배우의 후시 녹음 진행

이런 작업을 거친 후 음향 효과팀이 작업한 효과 및 폴리(foley, 맞춤형 사운드 음향 효과) 작업과 함께 적절한 레벨로 믹싱한 후 2차 편집인 종합 편집실로 보낸다.

드라마 녹화 시작 1시간 전에 픽업을 하며 음향 감독과 조연출 또는 스크립터와 효과 감독이 참여하여 진행한다.

📝 실제 녹음 조정실과 녹음 스튜디오에서 픽업을 하는 장면

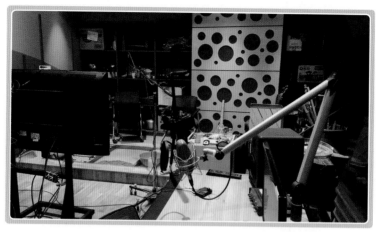

✏️ 음향의 후반 작업을 위한 다양한 소리를 연출하기 위하여
스튜디오 내에 준비된 효과용 장비

후반 작업 시 다양한 소리를 연출하기 위하여
스튜디오에도 다양한 효과 장비가 준비되어 있다.

✏️ 음향 효과맨의 효과 연출 모습

녹화된 드라마 장면을 보면서 스튜디오에서 효과를 연출하고 있다.

6-2 음악 믹스 다운 업무

생방송이 아닌 쇼 프로그램에서는 연주한 악기와 가수의 노래를 분리한 채널을 근간으로 가수의 노래와 악기의 밸런스를 가장 최적의 사운드로 만들어 방송 시보다 완벽한 사운드를 연출한다.

🎬 음악 믹스 다운 기본 업무와 입문

음악 믹스 다운 작업은 생방송이 아닌 녹화 방송에서 제작하는 모든 음악 프로그램의 노래를 후반 작업을 통해 재가공하는 업무를 말한다. 음악 후반 작업을 믹스 다운이라고 부르기도 한다. 믹스 다운은 녹화 방송에서 연주한 악기와 가수의 노래를 분리한 채널을 근간으로 가장 최적의 사운드로 만들어 촬영할 때보다 완벽한 사운드를 연출한다.

음악 믹싱 감독은 스튜디오 쇼 음향 파트에서 다년간 다양한 경험을 한 음향 엔지니어 중에서 음악에 대한 감각이 있는 감독을 선발한다. 스튜디오나 야외 쇼 프로그램 현장에서 악기와 가수의 노래를 10년 이상 작업한 엔지니어가 믹스 다운실(녹음실)에서 근무하는 편이며, 평소에 다른 방송사의 음악 프로그램을 모니터링해왔거나 음악에 대한 소질이 있으면 입문에 유리하다.

🎬 음악 믹스 다운 제작 과정

믹스 다운은 스튜디오나 공연장에서 제작한 멀티 트랙 채널을 믹스 다운룸에서 악기의 음색과 밸런스를 조정해서 원하는 음악으로 만든다. 이러한 믹스 다운의 방법은 음악 유형과 믹싱 감독에 따라 매우 다양하기 때문에 한 가지로 정의하기는 힘들다.

① 멀티 트랙 녹음기를 재생한다.

② 트랙에 녹음되어 있는 잡음이나 불필요한 악기 소리 제거한다.

③ 인풋 섹션의 이퀄라이저, 컴프레서, 팬 포트, 억스를 미리 설정한다.

④ 모든 악기의 인풋 페이더를 비슷한 레벨로 맞춘다.

⑤ 전체적인 소리를 들으면서 각 악기의 레벨을 조정한다.
　중요한 악기의 레벨은 올리고 배경 악기의 레벨은 줄인다.

* 음색 조정 순서: 킥 드럼 → 일렉트릭 베이스 → 스네어 드럼 →
　일렉트릭 기타 → 건반 악기 순으로 각 섹션 악기의 음색과 밸런스 조정

야외나 스튜디오에서 가요 프로그램 제작 시 가수의 음성과 악기의 소리를 별도의 여러 채널로 분리하여 녹음한 뒤 믹스 다운실로 보내 작업할 때, 악기의 반주에 문제가 생긴 부분, 취음이 덜된 부분 등도 후반 작업을 통해 보정한다. 흔히 있는 일은 아니지만 연주가 잘못되거나 가수가 노래 중에 실수를 한 경우에는 녹음실에서 반주나 노래를 재녹음해 편집한 후 음원을 완성하기도 한다.

보통 4분짜리 노래 한 곡을 믹스 다운해 음원을 완성하는 데 약 1시간 전후의 시간이 소요된다. 믹스 다운 시 연출자나 가수의 의견을 참고해 진행하기도 한다.

✏️ 음악 믹싱 후반 작업 콘솔

✏️ 음악 믹스 다운 엔지니어가 음악을 조정하고 있는 모습

음원마다 차이는 있지만 노래 1곡당 2시간 이상의 시간이 소요된다.

음악 효과 업무

음악 효과 감독은 대학의 작곡과나 실용 음악을 전공한 학생과 관련 아카데미 등에서 음악에 대한 소양과 취미가 있는 사람 또는 평소에 음악에 대한 관심이 많은 사람이 입문하는 경우가 많다.

음악 효과

생방송 제작 시 음악은 타이틀 음악의 시작부터 마지막 끝 타이틀의 음악까지 대사가 없는 부분의 소리를 책임지고 있다.

방송에서 음악은 매우 중요한 요소로서 프로그램에 많은 영향을 미치는 파트 중의 하나이다. 드라마에서 음향 효과가 소리의 맛을 내는 'MSG'라고 한다면 교양 정보 프로그램에서의 음악은 내용에 여러 가지 양념과 첨가물을 더해 '맛'과 '멋'을 내는 파트이다.

음악 효과 기본 업무와 입문

음향 효과 작업 시 60분짜리 생방송 아침 프로그램의 경우에는 100여 곡 이상의 길고 짧은 음악을 준비해야 하고 당일의 날씨와 프로그램의 분위기에 따라 순간적인 선곡을 하는 순발력이 필요하다. 음악은 CD로 제작된 음원을 주로 사용한다.

생방송 중 방송 순서가 바뀌는 경우에는 순발력을 발휘해 진행해야 하는 어려움도 있고 내용 편집이 늦어 영상물의 모니터를 다 확인 못하고 제목만 보고 음악을 선곡하는 경우도 간혹 있어 평상시 준비를 철저히 해야 한다.

방송 시 기존 음악을 많이 사용하게 되는데 이에 대한 저작권 사용료는 방송사에서 연간 비용으로 지불하기 때문에 사용에 문제가 없다. 장기간 제작하는 다큐 프로그램은 새로운 음악을 작곡해 사용할 때도 있다.

음악 효과 감독은 대학의 작곡과나 실용 음악을 전공한 학생과 관련 아카데미 등에서 음악에 대한 소양과 취미가 있는 사람 또는 평소에 음악에 대한 관심이 많은 사람이 입문하는 경우가 많다. 2~3년간은 음악 감독의 지시하에 곡의 선정에서부터 음악에 대한 정리 등의 작은 업무 등을 배우고 선곡이 많지 않은 프로그램이나 간단한 교양 프로그램부터 맡게 된다.

음악 감독이 되기 위한 과정은 정확한 매뉴얼보다 선배 음악 감독에게 배우는 도제 시스템이 매우 많은 편이다.

🎬 음악 효과 제작 과정

MBC 〈생방송 오늘 아침〉의 경우

- 방송 전날 방송할 프로그램에 대한 개요나 영상 등을 수령
- 방송할 내용에 따라 기본적인 음악 구상
- 기본적인 음악은 미리 준비(슬픈 음악, 기쁜 음악, 여행 음악 등)
- 생방송 당일 06시 출근
- 가큐시트와 편집이 완성된 영상물에 대한 모니터링
- 전날 선곡한 음악과 내용에 대한 점검
- 영상 방송 시간과 대사 내용에 대한 정확한 시간 체크
- 음향 감독과 음악의 레벨에 대한 확인
- CD 플레이어의 이상 유무 체크

음악 효과 업무 알아보기

☆ 전아인 MBC 음악 효과 감독

프로그램에서 음악이 필요한 이유는 무엇인가요?

음악이 없는 상태에서 영상을 보다가 음악이 없는 영상에 음악을 넣어서 다시 보면 분위기가 달라집니다. 기분이 고조되거나 슬퍼지기도 하는 효과가 생겨나기 때문에 음악 효과는 제작에 있어 프로그램의 조미료 같은, 매우 중요한 역할을 한다고 생각합니다.

프로그램의 음악 선정은 누가 하는지요?

음악 감독이 선정하기도 하고 연출자가 편집할 때 특정 장면에 특정 음악을 지정해 주기도 합니다. 최근에는 연출자가 편집 시 본인이 원하는 음악을 삽입하기도 합니다.

예능과 드라마의 음악은 어떻게 다른가요?

드라마는 별도의 음악 감독이 직접 작곡해 제작합니다. 비드라마는 대부분 기존에 만들어진 음악을 사용하긴 하지만 다큐멘터리 같은 경우 필요에 따라 프로그램에 들어가는 음악을 전체적으로 작곡해 사용하기도 합니다. 예를 들면 〈남극의 눈물〉 같은 다큐멘터리는 음악 감독에게 따로 의뢰하여 작곡한 곡으로 음악 효과가 진행되고, 따로 BGM(배경음악) 앨범을 제작하기도 합니다.

생방송 프로그램과 사전 제작 프로그램에서 사용하는 음악에는 어떤 차이가 있나요?

음악을 수정할 수 있는지 없는지의 차이입니다. 사전 제작 프로그램은 방송 전까지 수정이 가능하지만 생방송 프로그램은 음악이 실시간으로 재생되기 때문에 따로 수정하기가 힘듭니다.

1시간짜리 프로그램의 음악을 선정할 때, 시간은 얼마나 걸리나요?

프로그램의 성격에 따라 차이가 있습니다. 예능 프로그램에는 짧은 음악이 많이 들어가는 편이며 기본적으로 10분 내용에 1시간 정도 작업 시간이 소요됩니다. 음악 감독의 성향에 따라 선정 작업 시간이 달라지기도 합니다.

아침 생방송이나 저녁 생방송 교양 프로그램에 삽입되는 음악의 개수는 얼마나 되나요?

1시간짜리 프로그램에 기본적으로 130~150개의 음악이 들어갑니다.

음악을 전문적으로 만드는 회사가 있나요?

국내외에 라이브러리 음원 회사들이 있습니다. 이러한 회사의 음원은 구매하는 것이 아니라 제작된 음원을 제공받아 사용하고 있습니다.

방송사가 갖고 있는 음악을 활용하기도 하나요?

과거에는 CD를 많이 사용했습니다. 그러나 사용이 불편하다 보니 최근에는 디지털 음원을 주로 사용하고 있습니다. 필요한 음악은 유료 음원 회사에서 음원을 구매해 사용하기도 합니다.

방송사의 음원 사용료는 어떻게 되나요?

MBC의 경우 연간 음악 저작권에 대한 사용료를 방송사에서 처리해주기 때문에 저작권 등록이 된 곡들을 사용하는 데에 따로 비용이 들지는 않습니다. 음원 사이트 등에서 필요한 음원을 구매하는 경우에 이용권 구매 등으로 소정의 비용이 들어갑니다.

사용한 음악을 반복해서 사용하는지요?

같은 프로그램에서 반복해 사용하는 경우는 거의 없습니다. 대신 다른 프로그램에 재사용하기도 합니다.

사용하면 안 되는 음악이 있나요?

저작권 처리가 안 된 곡이나 심의에 통과하지 못한 19금 음악은 사용이 불가합니다.

음악은 어디에 저장하나요?

수년 전에는 CD를 가지고 다녔는데, 지금은 주로 컴퓨터에 파일 형태로 저장하거나 대용량 저장 장치를 따로 가지고 다닙니다.

음악 편집은 어떻게 하나요?

베가스, 프로툴, 큐베이스, 프리미어, 파이널컷 등의 편집 프로그램을 사용합니다. 프로그램에서 영상 파일을 불러와 음악의 길이나 위치 등을 맞춰가며 편집합니다.

우리나라에 음악 효과 감독은 얼마나 될까요?

매우 많은 편입니다. 한 프로그램 속에서도 코너별로 담당하는 음악 감독이 별도로 있기도 합니다. 여러 음악 감독이 공동 작업을 하는 경우도 있는데 요즘 프로그램 제작 시에는 공동 작업을 많이 하는 추세입니다.

학교에서 무엇을 전공한 학생이 유리할까요?

작곡과나 실용음악 전공생이 유리합니다. 기본적으로 곡에 대한 이해도가 높아야 하고, 음악에 대한 취미와 공감 능력이 있으면 더욱더 좋습니다.

📝 생방송 전에 음악의 레벨을 체크하고 있는 음악 감독

방송 전날 큐시트를 확인하고 준비한 음악을 생방송 2~3시간 전부터
방송 화면을 체크하고 음악에 대한 최종 선곡과 시간 등을 체크한다.

📝 음악 감독 진행 모습

선곡된 음악 CD를 데크에 장착해 체크한 후 영상에 맞추어 음악 페더를 올려 진행한다.
정면에 영상 확인을 마친 메모지 등이 보이고 있다.

6–4 종합 편집 업무

종합 편집은 가편집에서 제작된 모든 소스를 정교하고 세심하게 연결하는 종합 마스터링 과정이라 할 수 있다.

🎬 종합 편집 기본 업무

종합 편집 업무는 영상 및 음향에 대한 모든 데이터와 소스를 관리, 감독하고 전체 제작 과정 중 후반 작업에 해당하는 모든 기술적 작업, 즉 편집, 믹싱, 효과, VFX(Visual Effects, 시각 특수 효과) 등을 총괄하여 각 데이터들을 연출의 의도에 맞도록 처리하는 기술적 지원을 담당한다.

편집 업무는 일반적으로 가편집 단계와 종합 편집 단계로 구분되는데, 가편집은 촬영된 영상의 OK 컷 고르기와 줄 세우기를 의미하며, 이와 동시에 색 보정, 자막, CG, 음향, 음악 등의 작업이 별도로 진행된다. 종합 편집은 이렇게 만들어진 모든 소스를 정교하고 세심하게 연결하는 종합 마스터링 과정이라 할 수 있다. 종합 편집 파트는 본 촬영 이후의 모든 진행 과정을 담당하므로, '포스트 프로덕션'이라 칭하며 촬영 원본 소스의 재가공을 위해 모든 공정을 지원한다.

🎬 종합 편집 업무 팀 구성

종합 편집을 위한 팀 구성은 일반적으로 기술 감독, 편집 감독, 음악 감독, 효과 담당, 자막 감독, VFX팀, 컬러리스트 등으로 이루어지며, 연출과 조연출이 이들과 함께 최종 완성본을 위한 모든 작업을 함께하게 된다.

일반적으로 이들의 업무는 다음과 같다.

▶ 종합 편집팀 업무

기술 감독

기술적으로는 스위처를 담당하며, 소스의 운영 및 전반적인 스케줄 관리를 담당한다.

편집 감독

소스의 송수신과 편집기를 담당하며, 음악, 효과, VFX, 자막 등과 소스를 기술적으로 편집하는 실무를 담당한다.

음악 감독

해당 프로그램의 음악을 담당한다.

효과 감독

해당 프로그램에서 효과음을 담당한다.

자막 감독

해당 프로그램에서 자막을 담당하며, 프로그램에 따라 연출이나 조연출이 직접 담당하기도 한다.

최근 포스트 프로덕션은 디지털 기술의 혁신적인 발전 속에 테이프 기반의 작업 형태에서 파일 기반의 작업 형태로 진화하였으며, 그 과정에 있어 많은 혁신적인 변화를 겪고 있다. 우선 NLE(비선형 편집기)의 도입은 1인 종편 시스템으로의 조직적인 변화를 가지고 왔으며, 이에 따라 업무의 과정과 역할도 재배분, 재정렬되고 있다.

😼 필요 역량

디지털 미디어의 기술이 혁신적으로 발전하고 있는 지금 시스템의 가장 큰 변화 과정을 겪고 있는 곳이 바로 종합 편집 파트이다. 더불어 종합 편집 업무는 작품의 톤앤매너와 내러티브 구현을 위한 실질적인 실행이 일어나는 곳이므로 기술적인 지식 이외에 작품을 이해, 분석하고 이를 연출진과 논의할 수 있는 배경 지식과 연출진과의 호흡이 중요하다.

이 업무를 위해서는 순발력과 판단력, 그리고 연출진과의 꾸준한 소통이 요구되기에 소통 능력이 반드시 필요하다.

📝 **NLE 편집실의 내외부 모습**

이곳에서 편집을 마친 파일은 종합 편집실로 보내 완제품 편집을 진행한다.

종합 편집을 진행하고 있는 모습

종합 편집 감독이 전체적인 영상 파일을 체크하는 모습

6-5 컬러리스트 업무

색 재현 작업을 하는 사람을 컬러리스트(colorist)라고 하며, 새롭게 부각되는 신종 편집 업무로 부상하고 있다.

컬러리스트 기본 업무와 입문

방송 업무에 있어 컬러리스트는 후반 작업의 과정으로 촬영된 원본 소스를 감독의 의도, 캐릭터, 장면의 상황과 감정 등을 종합 판단하여 영상의 색감, 톤 등 색과 관련된 모든 부분을 보정 또는 재창조하는 역할을 한다.

컬러리스트의 작업은 촬영 전반에 대한 폭넓은 이해와 상대와의 의사소통 능력이 가장 중요하다. 색에 대한 감각과 경험은 사람마다 다르고 정답이 없기 때문에 연출자의 추상적인 색에 대한 인식과 요구를 실제적으로 표현해내려면 현재 컬러리스트를 양성하는 전문 학과나 학원은 많지 않은 편이다. 대부분의 업무는 특성상 컬러리스트 단독으로 일을 담당하며 어시스트가 소스의 관리와 흐름을 도와준다.

현재 컬러리스트를 양성하는 전문 학과나 학원은 많지 않은 편이다. 대부분의 컬러리스트들은 촬영, CG, VFX 등의 해당 분야에서 경험을 쌓은 후 이 업무를 담당한다. 그 이유는 위에서 소개한 바와 같이 업무의 과정이 복합적이고 촬영 전반에 대한 폭넓은 이해가 전제되어야 하기 때문이다.

🎬 컬러리스트의 업무 진행 과정

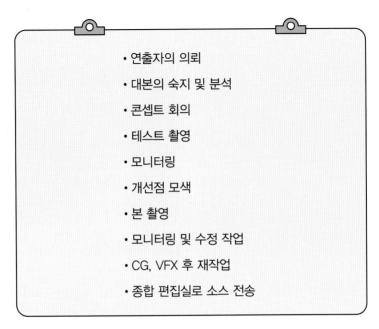

- 연출자의 의뢰
- 대본의 숙지 및 분석
- 콘셉트 회의
- 테스트 촬영
- 모니터링
- 개선점 모색
- 본 촬영
- 모니터링 및 수정 작업
- CG, VFX 후 재작업
- 종합 편집실로 소스 전송

🎬 색 재현 작업시 유의 사항

다큐멘터리나 드라마에 있어 연출자가 원하는 색에 접근하기 위해서는 스토리텔링의 기본이 되는 텍스트에 대한 철저한 이해와 분석이 필요하다. 이외에도 색에 대한 유행과 감각을 유지하기 위해서 다른 영화, 드라마, 뮤직비디오, 광고 등에 대한 지속적인 관심과 모니터링이 요구된다.

색의 재현을 위해서는 야외 촬영이나 편집 시 많은 정보를 담을 수 있는 raw 촬영(무손실 촬영)으로 제작해야 보다 완벽한 색의 재현이 가능하다. 즉 색 재현실에서 원본에 색을 입힐 수 있는 광량이 많아야 연출자가 원하는 색을 구현할 수 있다. 드라마에서는 촬영 전에 연출자와 색 재현 담당자(컬러리스트), 촬영 감독이 수시로 회의를 거쳐 색의 재현과 촬영에 대한 논의를 해야 하고 시범적인 촬영과 테스트를 해야 한다.

🎬 영상 색 재현 작업의 예

✏️ 컬러리스트 보정 전 영상 화면

✏️ 수정 후 영상 작업을 거쳐 새롭게 재현한 화면

보정 전보다 색감이 살아있는 모습이다.

컬러리스트 보정 전 영상 화면

수정 후 영상 작업을 거쳐 새롭게 재현한 화면

보정 전보다 색감이 살아있는 모습이다.

7장 작가 및 진행자 관련 업무

'무명과 단역은 조연을 빛나게 하고 조연은 주연을 빛나게 한다. 그리고 각각을 빛나게 하는 것은 연출이고 이 모두를 빛나게 하는 것이 작가이다.' 어느 SNS에서 작가를 단편적으로 묘사한 내용이다. 드라마와 예능의 구성 작가 업무와 진행자 업무를 다루어 보았다.

드라마 작가 업무

드라마 작가는 글을 쓰는 것이 아니라 말을 쓰는 장르이기 때문에 순수 문학을 전공한 사람보다 드라마를 좋아하고 영상을 쉽게 말로 표현할 수 있는 사람이 유리하다.

🎬 드라마 작가의 기본 업무와 입문

드라마 작가는 방송을 위해 제작하는 여러 형태의 드라마 대본을 집필하는 업무를 담당한다.

드라마는 시대적인 사극, 시대극, 현대극으로 구분되며 방송 형태로는 단막극, 일일극, 주간극, 주말극, 미니시리즈, 시트콤 등으로 나누어진다. 최근에는 예능 드라마 또는 웹 드라마 등 새로운 형태의 드라마를 제작하기도 한다.

드라마 입문은 다양한 형태로 시작한다. 십여 년 전에는 공모를 통해 단막극이나 연속극으로 데뷔를 했지만, 최근에는 처음부터 미니시리즈나 장편 드라마의 공모 등을 통해 데뷔하기도 한다.

최근의 집필 경향은 연속극을 위주로 집필하는 작가와 미니시리즈를 집필하는 작가, 단막극 작가 등으로 세분화하고 있다. 왜냐하면 단막극 작가는 호흡이 긴 연속극을 집필하기가 쉽지 않기 때문이다.

드라마 작가는 작품의 구상을 위하여 독서는 기본이고 여행 등을 통하여 새로운 소재를 구하기도 한다. 사극 집필의 경우 삼국사기나 고려사 또는 조선 왕조 실록 등에서 모티브를 얻어 작품을 구상하기도 한다.

드라마의 내용과 규모 그리고 제작사의 제작비 규모에 따라 보조 작가를 채용하기도 하며, 대본을 집필하기 위한 취재나 자료의 수집 등을 진행한다.

드라마 작가는 글을 쓰는 것이 아니라 말을 쓰는 장르이기 때문에 순수 문학을 전공한 사람보다 드라마를 좋아하고 영상을 쉽게 말로 표현할 수 있는 사람이 유리하며, 작법은 작가 협회에서 운영하는 교육원이나 아카데미 등에서 배울 수 있다.

작가가 되는 방법은 공모 당선, 제작사 투고, 인맥(감독이나 제작진 쪽에 직접 대본 전달), 보조 작가를 거쳐 메인 작가의 도움으로 데뷔하는 방법이 있고, 책으로 낸 소설이 드라마 제작 제의를 받아 직접 대본을 쓰는 경우도 있다.

최근에는 웹툰이나 웹 소설을 원작으로 드라마를 개발하는 경우도 많아, 이런 경로로 입문을 준비하는 사람들도 있다.

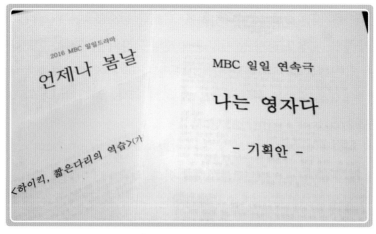

✎ 각종 드라마 시놉시스
드라마를 제작하기 전에 작가가 집필한 드라마 내용에 관한
줄거리와 제목 등을 정리해 연출팀에게 전달한다.

드라마 작가의 대본 집필 과정

작가 아이템의 경우

- 시놉시스를 바탕으로 제작사나 연출자 미팅
- 기획 회의와 시놉시스에 대한 수정
- 시놉시스의 완성과 기본 대본 집필
  (미니시리즈의 경우 2~4편, 연속극은 2주분)
- 방송사 편성 받기
- 캐스팅하기
- 본격적인 집필하기

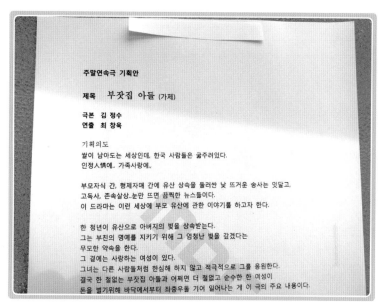

시놉시스의 예

MBC 주말드라마 <부잣집 아들>의 시놉시스 첫 페이지로
기획 의도와 전체적인 줄거리의 핵심이 담겨져 있다.

✏️ **각종 드라마 대본**

시놉시스를 바탕으로 캐스팅과 녹화 일정을 확정하면 촬영을 위한 대본을 완성한다. 최근에는 연습
대본을 제본하지 않고 드라마 전용 카페 등에 대본을 업로드하여 진행하고 콘티 대본은 녹화 당일
오전에 비치해 모든 스태프에게 전달한다. 드라마 제작 시 150부에서 200부 정도의 대본을 제작한다.

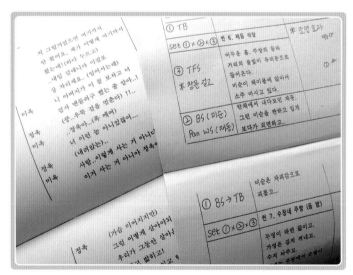

✏️ **왼쪽의 연습 대본과 오른쪽의 콘티 배본**

최근에는 연습 대본은 제작하지 않고 콘티 대본만 종이로 인쇄해 제작한다.

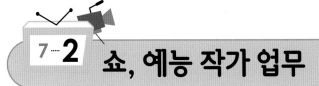

7-2 쇼, 예능 작가 업무

쇼, 예능 작가는 프리랜서의 형태로 고용되어 연출과 협업하여 프로그램 제작의 최선봉에서 일하며, 프로그램의 규모와 콘셉트에 따라 위클리 음악 프로그램은 3~4명, 대형 프로그램은 8~10명이 함께 일한다.

🎬 쇼, 예능 작가의 기본 업무

쇼, 예능 프로그램의 작가는 아이템 섭외와 프로그램 관련 자료의 수집 및 분석, 대본, 구성을 담당한다. 프로그램별 프리랜서의 형태로 고용되어 연출과 협업하여 프로그램 제작의 최선봉에서 일하게 된다. 작가는 프로그램의 규모와 콘셉트에 따라 위클리 음악 프로그램은 3~4명, 대형 프로그램은 8~10명이 함께 일하게 된다.

🎬 쇼, 예능 작가의 업무 진행 과정

① 아이템 회의

② 자료의 조사 및 분석

③ 구성안 작성

④ 구성안 정리 및 수정

⑤ 대본 작성

⑥ 큐시트 작성

⑦ 제작 스태프와의 회의 및 녹화 준비

⑧ 녹화 진행

⑨ 편집 구성

⑩ 1차 가편 시사

⑪ 종합 편집

⑫ 온에어

※ 쇼 프로그램의 경우 ⑤와 ⑥의 절차가 바뀐다.

🎬 메인 작가와 구성 작가의 역할

쇼와 예능에서 메인 작가는 주로 대본 및 구성, 아이템 및 아티스트의 섭외를 총괄하며, 작가군의 일과 역할을 분담하는 리더의 역할을 한다. 특히 녹화나 생방송 진행 시 상황과 편성에 맞게 대본과 구성을 조절하는 역할을 담당하므로 빠른 판단력과 상황 대처 능력이 요구된다.

쇼와 예능에서 구성 작가는 메인 작가 이외의 나머지 작가들을 의미하며, 프로그램의 구성안 작성 및 일반 출연자와 장소 등을 섭외하는 역할을 한다.

🎬 예능 프로그램 큐시트 해설

예능 정보 프로그램의 큐시트의 기본 유형을 살펴보자. 기본적인 연예 정보 프로그램으로 사회자와 패널(에디터)의 스튜디오멘트는 비교적 짧은 편이고, 사전에 촬영된 내용의 영상이 대부분의 분량을 차지한다.

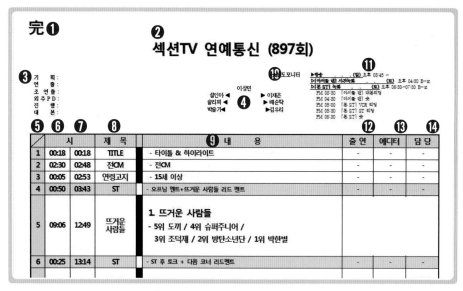

✏️ 연예 정보 프로그램 진행표(큐시트)

❶ 完: 최종 완성된 진행표라는 표시의 한자이다.

　　보통 녹화 2일 전부터 가큐(미완성본 진행표)가 나오며 제작을 진행하면서 큐시트의 완성도가 높아진다. 녹화 당일 1~2시간 전에 완성된 진행표가 스태프에게 전달된다.

❷ 제작할 프로그램의 제목과 방송 회차를 표시한다.

❸ 프로그램에 참여하는 기획, 제작, 연출진과 각 코너를 담당한 외주 PD, 그리고 대본을 집필한 작가의 이름을 표기한다. 기획은 전반적인 프로그램의 운영을 책임지고, 연출은 녹화 시 부조정실에서 카메라의 Shot을 결정하고 전반적인 진행을 하며, 진행은 스튜디오에서 녹화 시 연출의 지시에 녹화를 원활하게 조정하는 역할을 한다.

❹ 스튜디오 세트에 출연하는 MC와 출연자(에디터)의 위치 표시로서 출연자의 위치에 따른 카메라의 앵글과 마이크 설치 시에 참고한다.

❺ 프로그램의 전체적인 제작 순서를 표시한다.

❻, ❼ 순서에 표시된 내용의 시간을 표시한다. 예를 들면 타이틀과 하이라이트는 18초 (00:18)의 시간이 소요된다는 뜻이다. 미리 제작한 프로그램의 시간은 변경하기 어렵지만 스튜디오에서 토크하는 시간은 탄력적으로 운용이 가능하다.

❽ **제목**: 프로그램의 기본적인 소제목을 표시한다. 이 제목을 순서로 프로그램의 제작 과정과 방향을 정하고 운영한다.

❾ **내용**: 프로그램 제목에 해당하는 내용을 보다 자세하고 알기 쉽게 정리한 것이다. 예를 들어 첫 번째 아이템인 '뜨거운 사람들'은 일주일 동안 가장 이슈가 되었던 연예 뉴스를 간단하게 정리해 순위를 매겨 진행하는 코너로 가장 많은 작가와 PD가 투입되어 만들어진다. 첫 번째 위치한 아이템은 이 프로그램의 메인이라고 할 수 있다.

❿ **별도 모니터**: MC와 패널 뒤에 위치할 모니터를 표시한다.

⓫ 프로그램의 제작 시간표이다.
- 방송되는 일시와 요일 그리고 방송 시작 시간을 표기
- 본 녹화 전 프로그램에 들어갈 사전 녹화 시간과 녹화 장소를 표기
- 스튜디오 본 녹화를 표시하고 녹화 장소도 표기
- 녹화 시작 전의 세부 사항으로 주로 출연자가 숙지

⓬ **출연**: 제작한 내용에 출연하는 주요 출연자를 표시한다.

⓭ **에디터**: 각 아이템을 진행할 스튜디오 출연자의 이름을 표시해 내용을 진행할 때 에디터가 별도의 대본으로 영상을 보면서 내레이션을 추가로 삽입하기도 한다.

⓮ **담당**: 프로그램의 꼭지(아이템)를 담당한 PD와 꼭지 대본을 집필한 구성 작가를 표시한다. 작가는 스튜디오에서 출연자가 영상물의 내레이션을 할 때 출연자 옆에서 직접 사인을 주면서 진행한다.

🎬 쇼 프로그램 대본 분석

MBC에서 제작하는 생방송 〈쇼 음악중심〉의 MC 대본의 첫 페이지를 간단하게 분석해 보자.

MC에게는 큐 카드로 제작된 별도의 대본을 제작해 주거나 카메라 옆에 큰 종이로 제작된 보조 대본(일종의 프롬프터)을 볼 수 있도록 한다. 생방송으로 진행하기 때문에 반드시 카메라 리허설을 거치고, 생방송 시간이 넘치거나 모자랄 경우 MC의 멘트로 조절하며 진행한다. 생방송 시에는 MC 앞에 작가나 FD가 부조정실의 연출자의 사인에 따라 멘트의 내용이나 시간 등에 대한 지시를 한다.

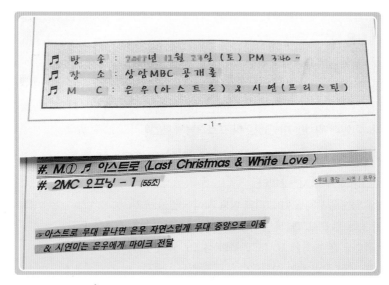

📝 생방송 〈쇼 음악중심〉의 첫 페이지 대본의 일부

A4 용지의 종이로 제작된 일반적인 대본으로 해당 스태프가 볼 수 있다.
방송 시간과 제작 장소 그리고 2명의 MC 이름이 표시되어 있다. 그리고
오프닝곡과 MC가 진행할 오프닝 시간(55초)도 정확하게 표시되어 있다.

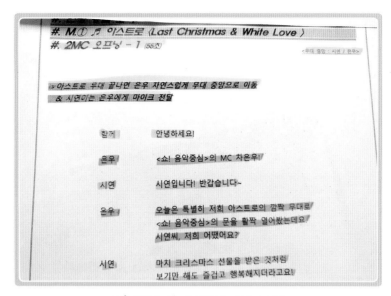

생방송 〈쇼 음악중심〉 대본의 일부

MC의 움직임과 위치에 대해서 자세하게 설명이 되어 있고 진행자의 마이크
전달 방법과 남녀 MC의 대사의 내용과 순서도 정확하게 표시되어 있다.

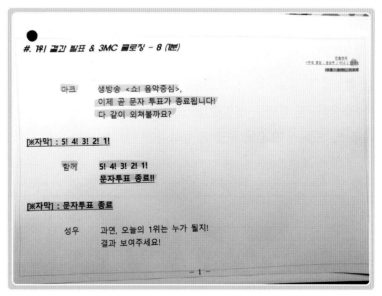

MC 생방송 큐카드 일부

멘트 부분은 노란색 형광펜으로 체크되어 있다.

📝 3MC 클로징 멘트 큐 카드

마지막 시간을 알리는 내용이 적혀 있고, MC 파트는 노란색 형광펜으로 표시되어
있으며, 성우의 내레이션 파트는 표시되어 있지 않다.

🎥 〈쇼 음악중심〉 큐시트 해설

   예능 프로그램 중에서 가장 복잡한 생방송으로 진행되는 MBC 〈쇼 음악중심〉
의 큐시트 해설을 통해 음악 프로그램의 진행 과정을 살펴보자.

   〈쇼 음악중심〉의 큐시트는 생방송 당일 최종 완성이 되며 가수의 일정이나
사전 녹화 등의 변동 시 오후에 최종 완성하여 큐시트가 만들어진다.

📝 큐시트 전면

❶ ※딜레이 생방송으로 인해 이번주는 **'3시20분'**에 생방송 시작합니다!

❷
▶ 방송 : 2018년 3월 31일 (토) 오후 3시 30분
▶ 음악 리허설 : 오전　6시 00분
▶ 스태프 회의 : 오전　7시 30분
▶ 사전녹화 ① : 오전　8시 10분(동방신기 '운명'→몬스타엑스 'Jealousy'→르씨엘→
　　　　　　　　　　　　　워너원 '너의 이름을'→Stray Kids→사무엘→NCT 127)
▶ 사전녹화 ② : 오후　1시 00분(워너원 'BOOMERANG'→GOT7)
▶ 카메라 리허설 : 오후 2시 05분

❸ ❹ ❺ ❻ ❼ ❽ ❾

순서	제목	시간		출연자	내용	VIDEO
1	Title	00:20	00:20		★ 가상 광고 자막 ★	VPB
2	전 CM	03:00	03:20			VPB
3	VPB	00:05	03:25		연령등급고지 (5초 이상)	VPB
4	M – 1	03:20	06:45	설하윤	**★전주 시 off ment (7초)** < 눌러주세요 >	
5	오프닝	01:05	07:50	① 3MC 오프닝 (옹성우/미나/마크) - 오프닝 / 1위 후보 3팀 소개 VPB 리드 멘트		
6	VPB	00:15	08:05	▶ 1위 후보 3팀 소개 (off ment : 옹성우)		VPB
				② ment (옹성우/미나/마크)		

🖊 큐시트 좌상단 모습

❶ 특별 고지: 생방송 〈쇼 음악중심〉은 기본적으로 딜레이 생방송으로 진행되기 때문에 이에 대한 정확한 고지를 큐시트의 맨 왼쪽 상단에 표시한다. 딜레이 생방송은 생방송과 같이 진행하며 실제 방송은 10분 뒤에 방송을 한다는 의미이다.

❷ 당일 리허설 및 사전 녹화 등의 시간표: 모든 스태프와 가수는 이 시간표를 숙지해 제작에 대한 모든 준비를 한다.

❸ 순서: 음악 중심의 전제적인 순서를 표시한다.

❹ 제목: 각 순서의 단위 시간(좌)과 합산된 전체 제작 시간(우)이 표시되어 있다.

❺ 시간: 순서에 표시된 단위 시간과 합산된 전체 제작 시간을 표시해 생방송 시 시간 안배에 대해 숙지하게 한다.

❻ 출연자: 생방송에 출연하는 가수나 진행자의 순서를 표시. 예를 들어 첫 노래는 설하윤이 부르고 두 번째는 3MC의 오프닝이 진행된다는 것을 알려준다.

❼ 내용: 광고의 자막이나 연령 고지 등의 내용과 노래 제목 등을 간단히 표시한다.

❽ 프로그램 제목: 가장 크게 표시한다.

❾ VIDEO: 영상의 소재를 표시한다. VPB는 테이프나 서버에 녹화된 내용을 보내고 표시가 없는 것은 현장에서 라이브로 진행한다.

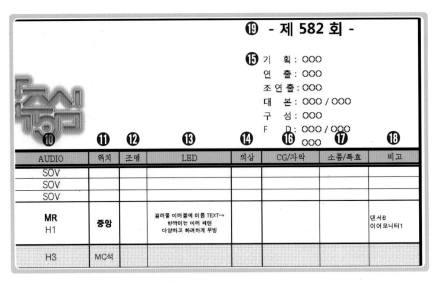

⑲ - 제 582 회 -

⑮ 기　획 : ○○○
연　출 : ○○○
조 연 출 : ○○○
대　본 : ○○○ / ○○○
구　성 : ○○○
F　D : ○○○ / ○○○
　　　○○○

⑩ AUDIO	⑪ 위치	⑫ 조명	⑬ LED	⑭ 의상	⑯ CG/자막	⑰ 소품/특효	⑱ 비고
SOV							
SOV							
SOV							
MR H1	**중앙**		길러줄 미러 볼에 이름 TEXT→ 반짝이는 미러 패턴 다양하고 화려하게 무빙				댄서6 이어모니터1
H3	MC석						

큐시트 우상단의 내용

⑩ **AUDIO**: 음향의 소재를 표시한다. SOV(Sound of VTR)는 테이프나 서버에 음향의 모든 것이 있고, MR(Music Record)은 음악의 반주가 테이프나 서버에 있다는 표시이다. H1과 H3은 핸드 마이크의 개수를 표시한 것으로 솔로 가수는 핸드 마이크가 한 대 그리고 3명의 사회자는 핸드 마이크가 3개가 필요하다는 뜻이다.

⑪ **위치**: 무대에서 노래를 부르는 가수나 댄서의 위치, MC의 위치를 표시한다.

⑫ **조명**: 조명은 사전에 의견을 나누기 때문에 당일 변동되는 내용만 특별히 표시한다.

⑬ **LED**: 노래와 가사의 분위기에 맞는 영상의 패턴을 표시해 조명과 카메라 감독이 Shot을 구사할 경우 참고하기 위해 표시한다.

⑭ **의상**: 가수 의상의 색을 표시해 조명이나 영상이 준할 경우 참고하기 위해 표시

⑮ **제작팀**: 프로그램의 기획자와 부조정실에서 진행하는 연출자, 조연출 그리고 전체를 구성하는 작가와 스튜디오에서 진행하는 무대 감독의 이름을 표시한다.

⑯ **CG/자막**: 기본적인 자막 등은 사전에 담당자와 약속으로 처리하고 부분적으로 필요한 내용은 표시한다.

⑰ **소품/특효**: 방송 시 필요한 의자나 장식용 앰프 등의 소품을 표시한다.

⑱ **비고**: 방송에 필요한 인이어 모니터와 백댄서 여부를 표시한다.

⑲ **횟수**: 지금까지 진행한 누적 횟수를 표시한다.

🐵 〈라디오 스타〉 큐시트와 대본 해설

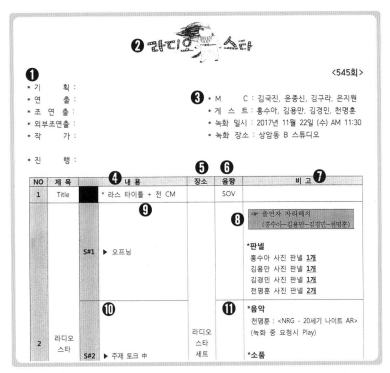

📝 MBC 〈라디오 스타〉의 큐시트 일부

❶ 프로그램을 제작하는 제작진을 표시한다. 연출자와 조연출, 그리고 외부 조연출 및 작가와 진행 연출을 표시한다.

❷ 프로그램의 제목을 표시한다.

❸ **출연자의 표시:** MC와 게스트 그리고 녹화 일시와 시간, 제작 장소를 표시한다.

❹ **내용:** 프로그램의 전체적인 구성을 의미한다.

❺ **장소:** 녹화가 이루어지는 장소나 세트 내의 동선을 의미한다.

❻ **음향:** 소리의 소재를 표시한다. SOV는 음향이 VCR 테이프에 있다는 표시이고 MIC는 녹화 현장에서 픽업한다는 의미이다.

❼ **비고:** 프로그램의 내용 구성상 스태프들이 알아야 할 상세 내용과 준비물 등을 표시한다.

❽ 게스트의 자리에 출연자가 앉는 배치의 순서를 의미한다.

❾ 프로그램의 구성 중 세부 내용을 표시한다. 오프닝에서는 일반적으로 근황 토크와 인사 등을 한다.

❿ 프로그램의 구성 중 세부 내용을 표시한다. 주제 토크에서는 해당 주제에 대한 질문을 MC들이 제시하고 이에 대한 답변을 듣는 형식으로 진행한다.

⓫ 출연자가 노래를 부르는 경우 필요한 노래의 제목이나 악기 등의 소품을 표시한다.

("누가 내 귀에 꿀 발랐어요?"특집)

==

DJ : 김국진, 윤종신, 김구라, 딘딘/ 게스트: 이문세. 이적. 자이언티. 박원

1. 오프닝

- 토크 석, 국진. 종신. 구라. 딘딘 앉아있고
- 무대 위, 게스트 (이문세. 이적. 자이언티. 박원) 스툴의자 착석
- '♬Santa Claus Is Coming To Town' MR 반주 나오고 노래
- 노래 마치면 바로 부제 콜

▶부제 공개
국진   오늘은 언제 들어도 선물 같은! 듣고 있어도 듣고 싶은!
　　　매력 터지는 감성 보컬들을 모셨습니다. <누가 내 귀에 꿀 발랐어요?> 특집!

진행자 대본의 첫 장

프로그램의 부제를 적어 놓았고 사회자의 위치와 게스트의 위치를 자세하게 설명한 대본이다.
메인 MC인 김국진의 멘트를 자세하게 작성하였다.

7-3 시사, 교양 구성 작가 업무

교양, 시사 프로그램의 전체적인 구성을 만드는 구성 작가가 되기 위해서는 상황과 흐름, 트렌드를 빠르게 읽어낼 수 있는 감각과 성실함, 끈기, 글을 잘 쓰는 능력 등이 필요하다.

🎬 시사, 교양 구성 작가의 기본 업무

구성 작가는 교양, 시사 프로그램의 전체적인 구성을 만드는 작가를 의미하며, 프로그램의 구성안 및 대본 작성, 출연자와 장소 등을 섭외하는 역할을 담당한다. 때에 따라 자막이나 편집 구성안을 쓰기도 한다.

특히 이 중 막내 작가는 프로그램 제작에 있어 필요한 다양한 자료를 수집하고 조사하는 역할과 각종 회의 결과물 정리, 외부 출연자와의 연락 등을 담당한다.

구성 작가가 되기 위해서는 상황과 흐름, 트렌드를 빠르게 읽어낼 수 있는 감각과 성실함, 끈기, 글을 잘 쓰는 능력 등이 필요하다. 쇼나 예능, 교양 프로그램의 방송 구성 작가는 전문 교육 기관인 아카데미의 과정을 이수하거나 대학에서 해당 관련 학과를 졸업 후 입문하게 된다.

교양 프로그램에서 구성 작가는 간단한 정보 프로그램의 한 꼭지(알기 쉬운 건강 상식이나 운동 프로그램 등)를 코너 연출과 함께 제작하며 입문하게 되고 연륜이 쌓이면 시사 프로그램 등의 비중이 큰 프로그램으로 업무를 확대한다. 나중에는 전체 프로그램을 총괄하고 구성하는 업무를 진행하게 된다.

구성 작가의 가장 기본적인 업무 중의 하나인 자료 조사를 하기 위하여 인터넷은 물론 각종 신문의 기사를 검색하는 일을 한다. 인터넷 검색보다 도서관 등을 방문하여 책이나 신문에서 보다 정확한 정보를 얻을 수 있다.

📝 도서관에 비치된 각종 일간지

생방송 오늘아침 방송안 -제2975회-	방송일시
	출 연
	담 당 자
	제 작 사 토마토 프로덕션

[오늘아침 브리핑] 1. 길 가던 여고생 납치해 폭행, 20시간 동안 무슨
2. 소주로 만든 만능세제, 망가진 니트 5분 복원

1) 길 가던 여고생 납치 감금 폭행, 20시간 동안 무슨 일이?
인천 남동구에서 4명의 남녀가 길 가던 여고생 A양을 납치해 20시간 동 안 감금하고 집단 폭행한 사건이 일어났다. 가해자들과 피해자는 1년 전 부터 알던 사이라는데 지난해 은 '명품바지에 피가 튀었다'며 가 양심을 품고 감금하고 폭행 매매를 강요한 것 실제 가해 성매수 남성은 폭행당한 A양

① [오늘아침 브리핑] 신동진 10 "	20시간 동안 감금되어 폭행당한 여고생, 가해자들은 성매매까지 강요했다는데, 성매수 남성의 도움으로 도망친 사건, 취재했습니다.
	//잘못하면 늘어나고 줄어드는 니트, 소주로 만든 만능세제만 있으면 오케이! 실패 없는 세탁법과 망가진 니트 되살리는 비법, 공개합니다.
② [TV신문고] 이재은 10 "	동네 골목을 가득 메운 잡동사니, 악취가 심하고 벌레까지 나오는데요 물건의 주인이 치우기를 거부해, 주민들의 피해가 커지는 상황, 취재했습
③ [그날이후] 신동진 9"	손이 저려서 병원에 간 아버지가 반신마비 된 상태로 돌아왔습니다. 혈관 확장 시술을 받은 그날 이후, 고통 받는 가족들을 만났습니다.
[놀랄法한이야기] 이재은 11 "	남편과 내연남 사이를 오가며 두 집 살림을 하던 아내, 그녀가 사 두 남자는 유족보상금이 서로 자기 몫이라고 주장합니다. 그 이유는
[나만 알고 싶은 재테크]	

📝 방송 안내 큐시트의 일부(좌)와 내레이션 대본의 일부(우)

해당 메인 작가가 구성해 제작한다.

🎬 교양 프로그램 큐시트 해설

		⑤월 일 금요일 완큐 ❶	
생방송❷ 오늘아침 큐시트 -제2972회-	❸ 방송일시	년 월 일 (금) 오전 08:30~	
	❹ 방송장소	E 스튜디오 (E 부조)	VPB
	❺ 담당자	기획 : 이@@ / 프로듀서 : 김##	
	❻ 제작사 토마토	❼연출 : 임@@, 권##, 김@@, 주정@@	
		❽작가 : 김@@, 정##, 김##, 안@@, 고	

❾ 출연자 위치	리포터 (김태민 백소영 김승주 박진우 박권) / MC (신동진 이재은) 패널 (잉

❿ <1> 前 타이틀 前 CM	제 목 ⓫	내 용 ⓬
	VCR ①	前 타이틀
		하이라이트 +제공
		1. 명인제약(주) .... 8. 엘지전자(주) 2분 30초

✏️ MBC 〈생방송 오늘 아침〉 큐시트의 일부(왼쪽)

❶ 큐시트의 최종 편집을 알리는 '완큐'라고 표시

❷ 프로그램의 제목: 생방송 오늘 아침

❸ 방송 일시: 생방송이 나가는 년, 월, 일과 방송 시간 표시

❹ 방송 장소: 생방송 시 사용하는 스튜디오와 부조정실 표시

❺ 담당자: 이 프로그램을 책임지는 기획, 프로듀서, 진행자(MC) 표시

❻ 제작사: 프로그램 제작사 표시

❼ 연출: 생방송을 진행하는 메인 연출과 각 코너(방송에서는 꼭지)를 담당하는 연출자 표시

❽ 작가: 프로그램의 전체를 진행하는 메인 작가와 코너 작가 표시

❾ 출연자 위치: 스튜디오 리포터(세트의 왼쪽)의 위치를 표시한 것으로서 코너마다 리포터 가 교체됨. MC는 스튜디오 중앙에 위치하며, 패널의 위치는 스튜디오 왼쪽으로 방송이 끝날 때까지 고정이다.

❿ 큰 제목을 표시: 전 타이틀, 전 CM, 사건 추적 등

❶ **제목:** 생방송 시 영상물과 스튜디오 제작물에 대한 표시

❷ **내용:** 방송될 내용을 축약해서 간단하게 정리

(금) 오전 08:30~09:30			❾ 07:00 출연진 회의 07:30 대본 Reading 8:10 All Stand-by
E 부조)	VPB시간:	ST시간:	
프로듀서 : 김## /MC : 신동진 이재은			
##, 김@@, 주정@@ 김@@, 허@@, 이@@			
##, 김##, 안@@, 고@@, 문@@, 윤##			

신동진 이재은) 패널 (양지민 김문호)		성우	/

	❸ 진행	❹ V	❺ A	❻ DR	❼ RT	❽ 비고
	/		M			
	MC		LS+ M		08:28:51 57:00	
		VPB		3'44		

✎ 큐시트의 일부(오른쪽)

❸ **진행:** 각 내용마다 담당하는 사람 표시. 하이라이트는 MC, 오프닝은 MC와 패널 등

❹ **V:** 영상(video)의 약호로 방송이 영상 테입(VPB, Video Play Back)인지 스튜디오 영상인지 표시

❺ **A:** 오디오(audio)의 약호로 M(music)은 음악, LS+M(Local Sound+Music)은 사회자의 목소리와 음악이 함께 필요하다는 표시

❻ **DR:** Duration의 약호로서 코너별 제작 시간 표시

❼ **RT:** Real Time의 약호로 생방송 시 진행되는 실제 시간을 표시해 정해진 편성 시간을 맞추기 위한 표시

❽ **비고:** 각 코너 담당 연출이나 작가 등 표시

❾ **시간표:** 생방송 시작 전까지 준비에 대한 시간 표시

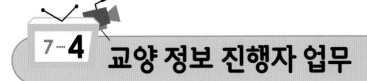

7-4 교양 정보 진행자 업무

교양 정보 프로그램 진행은 뉴스와는 달리 진행자의 자연스러운 시선 처리가 매우 중요하다. 최근에는 제작비 등을 고려하여 자사 아나운서를 기용하고 있다.

🎬 교양 정보 진행자의 기본 업무

매일 생방송으로 진행하는 아침의 교양 프로그램이나 저녁의 정보 프로그램을 진행하는 업무를 담당한다.

교양 정보 프로그램의 진행자 구성은 방송사마다 조금씩 차이가 있지만 남녀 아나운서 2명 또는 3명이 진행한다. 내용에 따라 진행 방법도 다른데 스튜디오에 앉아서 진행하거나 서서 진행하는 포맷이 있다.

스튜디오에 별도의 리포터(해당 내용을 취재한 사람)나 전문가(패널)가 출연하면 가급적 앉아서 진행한다. 그 이유는 생방송인 관계로 리포터의 교체 시 마이크의 사용이나 카메라의 앵글 등의 안정성을 고려해 방송 사고를 사전에 방지하고자 함이다.

교양 정보 프로그램의 진행은 뉴스와는 달리 진행자의 시선이 카메라 앵글만 쳐다보는 것이 아니라 상대방 진행자나 리포터 그리고 패널들과의 자연스러운 시선 처리가 매우 중요하다. 뉴스의 경우 카메라를 보고 진행하는 관계로 기사 원고와 프롬프터를 보고 읽으면 되지만, 교양 정보 프로그램은 큐카드(대본 내용을 정리한 작은 진행 종이)를 가급적 숙지하거나 외워서 자연스럽게 진행해야 한다.

최근 방송사의 교양 정보 프로그램의 진행자는 보다 안정적인 진행과 제작비 절감 등을 고려하여 아나운서를 기용하고 있다.

교양 정보 진행자의 업무 과정

MBC 〈생방송 오늘 아침〉의 경우 2명의 진행자와 2명의 고정 패널, 그리고 아이템마다 각 6명의 리포터가 교대하면서 진행한다.

MBC 〈생방송 오늘 저녁〉의 경우 별도의 리포터나 전문가 패널 없이 3명의 진행자가 아이템에 대한 설명과 리드 멘트로 서서 진행한다.

MBC 〈생방송 오늘 아침〉의 경우

- 6시 출근
- 6시 30분 연출자와 책임 PD 메인 작가 등과 내용 회의
- 7시 분장과 머리 손질, 의상 체크
- 7시 30분 영상물에 대한 체크
- 7시 40분 리포터와 패널 등이 함께 마지막 대본 회의
- 8시 15분 스튜디오에서 마이크와 인이어 이어폰 체크
- 카메라로 본인의 스킨톤 체크
- 본인이 사용하는 의자 등의 높이와 카메라 위치 확인
- 상대방의 멘트와 본인의 멘트를 교차 체크
- 상대 진행자와 애드리브 멘트 사전 약속
- 방송 제작 시간 조절 시 스튜디오 멘트의 길이 조정
- 방송 중 오류 사항은 클로징 직전 사과 멘트나 보충 설명
- 방송 종료 후 모니터링 진행

 MBC 〈생방송 오늘 아침〉 방송에서
원고를 보고 낭독하는 장면

메인 MC인 신동진, 이재은 아나운서가
프로그램 주요 화면을 소개하는 장면으로
방송은 준비된 영상이 나가고 오디오는
스튜디오 라이브로 진행한다

MBC 〈생방송 오늘 저녁〉의 경우

- 15시 분장과 머리 손질
- 15시 30분 오늘의 의상 체크—상대 여자 진행자와 교차 확인
- 방송 내용물에 대한 확인
- 아이템에 대한 타 방송사의 모니터링과 기사 체크
- 17시 진행자와 대본 체크
- 17시 30분 방송 영상물 확인
- 방송 30분 전 진행 스튜디오에서 스탠바이
- 마이크와 인이어 이어폰 체크
- 카메라로 자신의 스킨톤 체크
- 상대 진행자의 멘트와 본인의 멘트 동시 체크
- 방송 중간의 애드리브 멘트에 대한 상대 진행자와 사전 약속
- 방송 시간 준수를 위한 멘트 길이 조정
- 방송 종료 후 상대 진행자와 스태프에게 수고 인사
- 방송 종료 후 간단한 모니터링 진행

📝 MBC 〈생방송 오늘 저녁〉의 모습

방송 직전 진행자의 의상과 마이크 상태를 마지막까지 점검한다.
특히 여자 진행자의 경우 상의에 핀 마이크 부착 시 옷과 스치지 않게 처리해야 한다.

📝 MBC 〈생방송 오늘 저녁〉의 3MC의 클로징 장면

진행자는 내용에 맞는 멘트를 구사하고, 카메라의 동선에 맞추어 시선 처리를 해야 한다.
이 프로그램의 마지막 Shot은 지미집 카메라를 사용하여 full Shot으로 처리하는데
진행자도 카메라의 앵글을 보면서 클로징 인사를 한다.

7—5 교양 정보 리포터 업무

주로 아침 생방송 프로그램에 출연하는 관계로 새벽부터 일어나 아이템에 대한 멘트를 체크하고 방송국에서 분장과 의상, 생방송에 대한 회의를 마치고 생방송에 임하며, 방송 전까지 취재한 내용에 대해 다각도로 체크해 준비해야 한다.

교양 정보 리포터의 기본 업무

정보나 교양 프로그램에서 스튜디오 프로그램을 진행하는 사회자와는 달리 하나의 아이템을 취재하고 분석한 후, 화면을 설명하면서 진행하는 일을 담당한다.

시사 프로그램의 경우 한 주의 사건 사고 중에서 뉴스나 인터넷 또는 신문에서 깊이 있게 다루지 못한 내용을 선정하고, 아이템에 대하여 연출자와 작가 등과 협의해 현장 촬영을 통해 제작한다.

주로 아침 생방송 프로그램에 출연하는 관계로 리포터들은 새벽부터 일어나 아이템에 대한 멘트를 체크하고 방송국에서 분장과 의상, 생방송에 대한 회의를 마치고 생방송에 임한다.

프로그램에 대한 사전 지식은 물론이고 방송 전까지 취재한 내용에 대해 다각도로 체크해 준비해야 한다.

제작 과정

- 방송 일주일 전에 아이템 선정
- 아이템 선정은 작가, PD, CP, 담당 팀장이 결정
- 방송 3~4일 전 취재
- 취재는 2인 1조(연출자, 리포터)로 운용
- 카메라는 PD가 직접 촬영
- 리포터는 대부분 당일 촬영(PD는 이틀 촬영하는 경우도 있음)
- 영상물의 음향은 현장 음향과 스튜디오 음향으로 분리
- 연출자의 편집
- 생방송의 경우 방송 1시간 30분 전후 회의 진행
- 방송사에서 분장과 헤어 체크
- 스튜디오 생방송 출연
- 야외 제작물 방송의 경우 중간 리드 멘트(브릿지 멘트) 체크
- 생방송이 끝난 후 문제점에 대한 회의

📝 스튜디오에서 리포터가 본인이 취재한 내용을 리포팅하는 모습

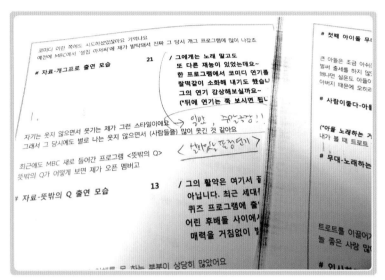

해당 작가가 구성한 대본에 해당 리포터가 일부 수정한 내용

스튜디오 화면 밖에서 준비 중인 리포터의 모습

마지막까지 대본을 챙기고 앞의 리포터를 모니터링하면서 준비한다.

리포터 업무 알아보기

☆ 백소영 MBC 리포터

방송국에서 리포터를 기용하는 이유는 무엇인가요?

리포터는 현장에서 기자처럼 취재하면서 아이템을 진행할 수 있기 때문입니다. 아나운서는 뉴스나 프로그램 진행 업무를 위해 채용한 경우로 리포터처럼 현장에서 방송을 진행하기에는 다소 무리가 있습니다. 리포터는 아나운서보다 현장에서 좀 더 자유롭게 아이템을 진행할 수 있어 현장성이 필요할 때에는 리포터를 선호하는 편입니다

업무는 어떻게 맡게 되나요?

리포터의 경우 방송사의 공채 전형을 거치기도 하지만 방송 아카데미나 사설 학원 등의 추천이나 오디션을 통해 입문하는 편입니다.

공채로 방송사에 들어온 경우에는 별도의 홍보(영업)를 하지 않아도 방송 프로그램 등을 통해 널리 알려지기 때문에 지속해서 일할 수 있습니다. 그리고 방송에서 큰 문제가 발생하지 않는다면 한 리포터가 해당 코너를 계속 진행하는 경우가 많습니다.

리포터마다 주로 담당하는 아이템이 있나요?

저의 경우 정치와 경제 분야의 리포터를 많이 진행했습니다. 남자 리포터의 경우는 체력이 필요한 사건 현장이나 상황극이 필요한 프로그램에서 실험맨 등으로 직접 참여하기도 합니다. 다양한 재능이 많은 일부 리포터는 쇼 호스트와 같이 리포터 이외의 활동도 함께 진행하고 있습니다.

야외 촬영을 할 때는 누구와 현장에 가나요?

PD와 둘이서 진행하는 경우가 많습니다. 여러 명의 출연자와 인터뷰가 필요한 경우는 조연출 및 별도의 카메라팀과 함께 진행하기도 합니다.

리포터의 의상과 메이크업은 어떻게 하나요?

의상의 경우 90% 이상 본인의 옷을 입고 촬영합니다. 스튜디오 출연 시에는 일정 부분 의상 코디의 협조를 받기도 합니다. 그 경우에도 메이크업은 본인이 직접 하고 머리 단장만 방송사에서 관리해줍니다.

리포터는 작가 대본대로 하나요?

촬영한 내용을 기반으로 작가가 대본을 작성하면 대부분 수용하는 편입니다. 진행 시 부드러운 단어로 살짝 고치는 경우도 있으며, 생방송 스튜디오에서 후 토크를 하는 경우에는 MC와 적당히 애드리브를 하기도 합니다.

이 업무의 가장 힘든 점은 무엇인가요?

여러 가지가 있겠지만 프리랜서다 보니 업무가 지속해서 이어질지에 대한 걱정이 있습니다. 신입 리포터의 경우에는 아직 업무에 능숙하지 않다 보니 고정적인 일을 맡는 것에 대한 스트레스가 있는 것 같습니다.

리포터 양성 아카데미가 있는지요?

각 방송사에서 운영하는 방송 아카데미와 전문 사설 교육기관 등이 있습니다. 방송 아카데미 등에서 아나운서 과정을 공부하다가 리포터 업무를 하는 경우도 있습니다.

리포터의 전망은 어떤가요?

요즘은 '교통 전문 리포터', '기상 전문 리포터', '패션 전문 리포터' 등과 같은 전문 리포터가 늘어나고 있으므로 특정 분야에 전문화된 지식을 쌓아 자신만의 고유 영역을 확보하는 것이 중요하다고 생각합니다.

8장 미술 관련 업무

프로그램 제작 시 출연하는 모든 출연자의 스킨톤과 의상 및 배경의 모든 것을
준비하고 책임지는 업무를 말한다. 제작 지원 파트 중 가장 세분화되어 있고
가장 많은 스태프가 종사하고 있다.

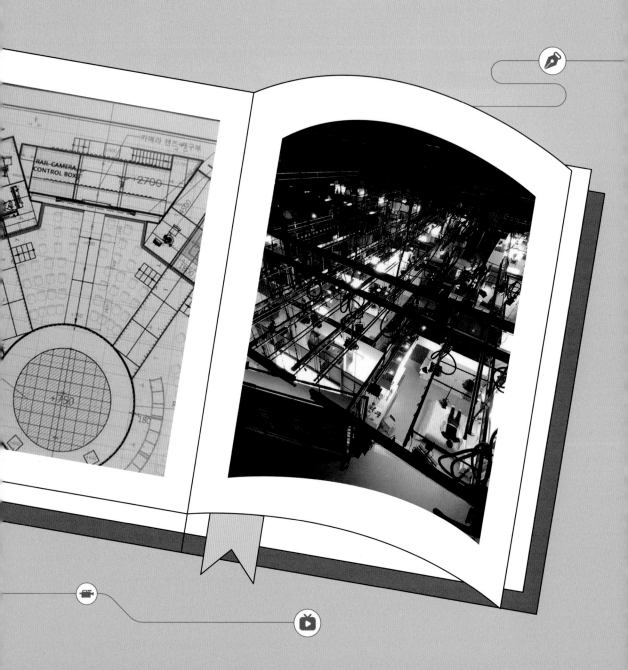

8—1 세트 디자인 업무

세트 디자이너는 세트 구상 시 제작하는 프로그램의 시청자 층에 대한 분석을 해야 한다. 어느 시간대에 누가 시청하느냐에 따라 세트의 배경과 질감이 달라지기 때문이다.

🎬 세트 디자인 기본 업무

세트 디자인 업무는 제작하는 프로그램의 콘셉트와 용도에 맞게 기본 공간을 구성 및 디자인하고 감리, 감독하는 역할로 미술 감독의 범주 안에서 가장 큰 역할을 담당한다.

참고로 미술 감독은 '프로덕션 디자인'이라고 표현할 수도 있으며 세트, 소도구, 분장, 의상 그래픽 등 시각적으로 표현하는 모든 요소에 대한 관리 감독을 말하기도 한다. 여기서는 세트 디자인 업무만을 다루고자 한다.

기본적인 공간 연출(세트)에 대한 설계는 연출자의 의도와 프로그램의 성격에 따라 설계되며, 이 공간 연출이 바로 촬영의 기본 재료가 된다. 따라서 연출자가 프로그램을 기획하고 준비하는 과정에서 가장 먼저, 가장 많이 만나는 스태프가 바로 세트 디자이너이다.

🎬 세트 디자이너의 필요 역량

세트 디자이너는 세트 구상 시 제작하는 프로그램의 시청자 층에 대한 분석을 해야 한다. 어느 시간대에 누가 시청하느냐에 따라 세트의 배경과 질감이 달라지기 때문이다.

세트 디자이너는 드라마, 쇼, 예능, 보도, 스포츠, 시사 교양 등 방송 장르의 모든 영역을 담당한다. 프로그램 제작 시 촬영의 기본 재료가 되는 무대의 시각적인 부분을 총괄하여 연출이 의뢰한 프로그램의 콘셉트와 자료에 따라 세트의 디자인부터 감리, 감독 및 진행 전반을 다룬다.

따라서 카메라, 조명, 기술 등 촬영 전반에 대한 폭넓은 지식과 이해가 필요하며, 각 분야의 사람들과 협의하고 결정을 해야 하는 일이 많기 때문에 원활한 소통 능력과 빠른 판단력이 요구된다.

그리고 다른 제작 관련 파트에 비해 가장 많은 예산을 집행하기 때문에 제작비에 대한 절감과 효과적인 예산의 운영에 대해 늘 신경을 써야 한다. 또한 세트 디자이너로서의 기본적인 감각과 스케치 능력도 필요하며, 최근에는 컴퓨터 프로그램을 사용하는 경우가 많기 때문에 컴퓨터 운용 능력도 요구된다.

세트 디자이너의 업무 과정

- 연출의 프로그램 미술 의뢰
- 콘셉트 협의 및 예산 협의
- 3D 콘셉트 스케치(프리 스케치 & 모델링)
- 피드백을 통한 협의 및 수정
- 3D 디자인 결정 및 2D 도면 작업
- 세트 및 소도구, 장식 등의 제작 발주
- 세트 제작 감리
- 실제 설치 진행
- 리허설 진행
- 생방송 또는 녹화 진행
- 미술 예산 정산 업무
- 모니터링

🎬 시사, 교양 프로그램 세트 디자인

시사 교양 세트의 디자인은 쇼나 드라마와는 달리 규모가 크지 않지만 정보 전달과 메시지 전달을 목적으로 하기 때문에 연출자가 의도하는 이미지와 프로그램 성격 등을 명확하게 파악해 세트에 반영해야 한다. 세트 디자이너는 해당 콘셉트의 시각화를 위해 그와 관련된 많은 자료를 수집 및 분석하고 여기에 자신의 생각과 능력을 담아 이를 세트로 표현하게 된다.

시사 프로그램은 다른 프로그램보다 주 시청자의 성향과 기호에 따라 기본 콘셉트를 결정하기도 한다.

밤 21시에 방송되는 관계로 호리즌트(벽)는 흑막에 은하수 전구를 점등했고 출연자 뒤의 나무 등은 노란 조명으로 처리해 옥상 분위기를 살렸다.

📝 교양 프로그램 세트 디자인

도올의 이미지를 강조하고 자정이 넘어 방송하는 관계로 주변은 흑막으로 커튼을 치고 세트의 이미지는 블루톤의 조명으로 투사해 제작했다.

📝 시사 프로그램 세트 디자인

🎬 뉴스 세트 디자인

　뉴스의 경우는 보도라는 콘셉트를 근간으로 타 방송사나 외국의 방송사를 모니터링하거나 견학하고, 다채롭고 전문적인 분석을 거쳐 해당 스튜디오의 구조와 뉴스 담당 연출자와의 지속적인 협의와 소통을 거쳐 세트를 디자인한다. 뉴스 세트의 경우 상징성이 크고, 한 번 설치하면 5~10년 이상 사용하는 관계로 카메라의 앵글이나 조명의 위치, 배경 영상과의 조화에도 많은 신경을 쓰면서 제작한다.

　선거 방송의 경우 수개월 전부터 선거 기획단과 세트에 대한 콘셉트 회의를 거쳐 설계하고 방송 3주 전부터 세트를 세우기 시작한다. 선거 방송 세트는 기존에 사용했던 세트의 콘셉트를 근간으로 새롭게 구상해 진행하기도 한다.

📝 **뉴스 세트 디자인**

천정에 트러스 구조물을 사용했고 좌우는 DLP 영상으로 구성해 다양성을 구축하였다.

📝 **선거 방송 세트 디자인**

선거 기획단이 원하는 내용과 스튜디오의 크기에 맞게 설계해 기능성과 조화를 이루면서 세트를 구성한다. 방송 일주일 전에 완성 후 수십 회의 리허설을 거쳐 현안을 해결하면서 세트 및 영상의 완성도를 만들어 나간다.

🎬 드라마 세트 디자인

　드라마의 경우 시놉시스를 기초로 연출자와 작가 등과 협의하여 기본적인 세트를 구상하고, 가급적 사실에 가깝게 설계한다.

　미니시리즈의 경우는 일반적으로 방송사의 스튜디오보다 외부 스튜디오를 임차해 해당 드라마 종영 시까지 세트를 고정으로 설치해 운용한다.

　주말극이나 일일극의 연속극인 경우 매주 세트의 설치와 분해가 반복되기 때문에 가급적 해당 스튜디오의 기능에 맞게 설치와 분해, 이동이 용이하게 제작한다.

　연속극 세트에서의 촬영은 기본적으로 매주 일정하게 진행하기 때문에 중간에 크게 변동되는 일은 없다. 하지만 매주 조립과 해체가 반복되기 때문에 보다 나은 영상을 만들어 내기 위해서는 녹화 당일 현장에 참여하여 세트의 마감이나 수정 등 미진한 부분에 대해 늘 점검해야 한다.

일반적으로 세트를 조립하고 철수하는 연속극 세트의 경우 조명 설치를 보다 쉽게 하기 위하여 지붕 없이 제작한다.

📝 부조정실에서 바라본 세트 전경

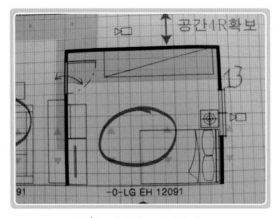

📝 드라마 세트 도면의 예

📝 세트 도면에 의해 실제 제작된 세트

🎬 쇼, 예능 세트 디자인

쇼 프로그램의 경우 음악이나 아티스트에 따라 매주 세트가 바뀌기 때문에 매주 연출자와 상의하여 세트를 구상하고 설계를 한다. 그리고 주 시청층이 10대인 관계로 청소년들의 코드에 맞는 세트를 설계하기도 한다.

예를 들어 MBC 〈쇼 음악중심〉의 경우 다음 주 세트에 대한 콘셉트 회의는 전주 금요일(제작 8일 전)에 연출자와 메인 작가 그리고 조명 감독 등과 상의하여 기본적인 초안을 잡아 진행한다.

🎥 쇼, 예능 세트 디자이너의 업무 과정

쇼 프로그램의 경우(토요일 생방송)

① 금요일 – 세트 콘셉트 회의(8일 전)

② 월요일 – 기본적인 세트 설계 완성

③ 화요일 – 전체 제작 스태프 회의, 자체 세트 제작 의뢰

④ 수요일 – 세트 외주 제작 물량 발주

⑤ 목요일 – 세트 설치팀에게 도면 설명

⑥ 금요일 – 세트 설치

⑦ 토요일 – 생방송 진행

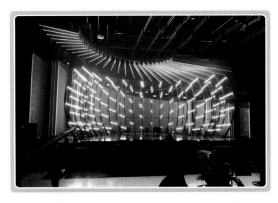

✏️ 쇼 프로그램 세트 디자인

다양한 LED 기구를 기본 소재로
쇼 세트를 구성한 모습이다.

✏️ 예능 프로그램 세트 디자인

중앙의 큰 글씨는 세트
뒤쪽에서 전식 LED를 부착에
밝기를 조절하며 운용하였다.

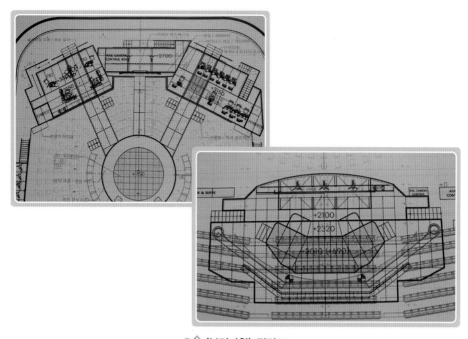

〈복면가왕〉 평면도

세트 제작에 대한 자세한 설명이 도면에 표시되어 있다.

스케치업으로 제작한 〈복면가왕〉 세트 디자인(무대 방향)

✏️ 스케치업으로 제작한 〈복면가왕〉 세트 디자인(판정단 방향)

연출이나 조명 감독 등 세트에 대한 상세한 설명이 필요한 경우
다양한 형태의 각도로 설명한다.

✏️ 무대 뒤에서 본 〈복면가왕〉 실제 세트 모습

녹화 전날 세트와 조명을 준비하고 있고 본 녹화 시 사용할 특수 조명 포커싱을 진행하고 있다.

특수 효과 업무 알아보기

☆ 전홍민 서정특수효과 감독

특수 효과의 업무 범위는 어디까지인가요?

리프트나 기타 기계 장치를 말하는 무대 효과와 무대 바닥이나 트러스 구조물에 특수한 효과 장치를 설치해 공연 시 퍼포먼스를 제공하는 장치 효과를 합친 것을 말합니다.

특수 효과의 재료 공급과 사용에 절차가 있나요?

이 업무 종사자는 반드시 화약 관련 면허증이 있어야 합니다. 재료를 구매하거나 사용할 때에도 경찰서의 허락을 받아야 하고 설치할 때도 자격증이 있는 사람이 진행해야 합니다.

특수 효과 중 가장 비싼 효과는 무엇인가요?

야외에서 사용하는 불꽃놀이용 화약이 가장 고가입니다.

특수 효과의 종류는 얼마나 되나요?

CO_2, 드라이아이스, 비눗방울, 에어샷, 눈 기계, 비 오는 기계, 수막 기계, 실내 분수, 슬라이딩, 자동문, 턴테이블 무대, 리프트, 키네시스, 스파클러 등이 있습니다.

스튜디오에서는 사용할 수 없는 특수효과도 있나요?

십수 년 전에는 화재 위험 때문에 스튜디오에서 불꽃 기계를 사용하지 못했습니다. 지금은 여러 안전장치를 구비한 다음 사용하고 있습니다. 특정 공연장에서는 기계 장치의 문제가 생길 수 있는 꽃가루 등을 사용하지 못하게 하기도 합니다.

특수 효과의 전원은 어떻게 공급하는지요?

전기 장식 전원을 사용하거나 조명팀에게 요청하기도 합니다. 음향 파트처럼 민감하지는 않으나 아티스트가 타고 움직이는 리프트의 경우 대용량의 전기가 필요해 380V를 사용하기도 합니다.

쇼 프로그램에서 가장 신경 쓰는 부분은 무엇인가요?

효과 장치의 작동을 위해 케이블 등이 무대 바닥에 포설되어 있고 꽃가루나 드라이아이스의 수분이 아크릴 바닥에 묻어있다 보니 스태프나 아티스트가 움직이다 미끄러지는 안전사고에 가장 신경 쓰는 편입니다.

토요일 생방송 되는 <쇼 음악중심>의 특수 효과는 언제 설치하나요?

금요일 오후에 설치하고 리허설은 하지 않습니다. 그 이유는 특수 효과의 경우 리허설과 본 방송의 차이가 없을 뿐만 아니라 사용할 때마다 미리 허가를 받아야 하고 재사용 시 두 배의 비용이 발생하기 때문입니다.

음악 프로그램의 가사지는 얼마나 숙지하나요?

수년 전에는 앵글과 특수 효과의 타이밍이 맞지 않은 경우가 가끔 있었습니다. 특수효과팀에서 연출자에게 가사지에 정확한 타이밍을 표시해 달라고 요구하였고, 지금은 잘 운용되고 있습니다.

화재에 대한 대비는 어떻게 하나요?

작업 시 인원수마다 소형 휴대 소화기를 가지고 다니면서 만일을 항상 대비하고 있습니다.

화농(불꽃머신)은 가스를 소재로 사용하는지요?

LP 가스를 충전하고 리모컨으로 점화 후 밸브로 불기둥의 높이를 조절해 사용합니다.

현장에서 특수 효과 콘솔은 어디에 위치하는지요?

콘솔은 특수 효과 장면이 잘 보이는 곳에 설치합니다. 〈쇼 음악중심〉의 경우 무대 옆(상수)에, 콘서트의 경우 특수 효과의 상태를 눈으로 확인해야하기 때문에 가수의 등퇴장 주변에 설치합니다.

이산화탄소를 분출하는 용기는 터지지 않지요?

CO_2 용기는 검사필 인증을 받은 용기를 매번 사용하고 반납한 다음 새롭게 충전된 가스통을 받아 사용하기 때문에 안전합니다.

드라이아이스는 어떻게 사용하나요?

영화 73도인 드라이아이스를 가열(히팅)하는데 1시간 이상 소요되고 사용 시간은 5~6분 정도입니다. 드라이아이스를 사용하고 나면 바닥에 물기가 있어 다소 위험해 최근에는 '드라이 포그'라는 대체재를 사용하기도 합니다.

놀면뭐하니 도토페 콘서트 공연 중 특수 효과인 화약을 발사하는 장면

공연 중 특수 효과인 불꽃을 연출하는 장면
가스 밸브를 조절해 불꽃의 크기를 조절할 수 있다.

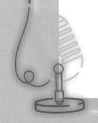

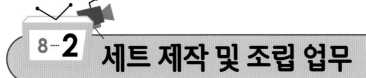

세트 제작 및 조립 업무

세트 조립 작업은 기본적으로 2인 1조로 한다. 그 이유는 부피나 무게에 의해 마주 들어야 할 때나 또는 합판을 자르거나 밀차를 이용하여 운반할 때, 그리고 사다리를 이용하여 작업할 때 등 거의 모든 세트 작업 시 2명이 작업해야 업무 능률이 향상되기 때문이다.

세트 조립은 세트 디자이너의 도면을 바탕으로 세트 제작팀에서 제작한 세트를 스튜디오에 도면의 평면도와 입면도를 기준으로 설치하는 업무를 말한다. 세트 제작 업무는 다음과 같이 세 파트로 분류할 수 있다.

(1) 세트의 제작과 조립 업무

🎬 기본 업무

세트의 제작은 주로 지하 세트 작업장에서 제작하는 관계로 세트 조립팀은 지하에서 설치할 스튜디오까지 대형 엘리베이터 등으로 이동한다.

처음으로 제작된 세트(드라마의 경우)는 기본적으로 지하 세트실에서 미리 가설치해 보고 스튜디오에 설치한다. 최초 세트를 제작해서 세우는 경우 10시간에서 20시간 이상 걸리는 경우도 있으나 일반적으로 드라마 스튜디오 세트 조립 시간은 4~6시간이 소요된다.

일반적으로 제작할 스튜디오는 비어 있는 공간에 설치되는 것이 아니라 제작이 끝난 기존 세트의 철수와 신규 세트의 설치가 시차를 두고 진행된다.

🎬 세트의 설치

세트의 설치는 드라마와 쇼 세트로 크게 나누어지는데, 진행 중인 연속극 드라마의 경우 80% 이상이 같은 세트의 설치가 반복되기 때문에 해당 스튜디오 밖에 대기시켜 진행한다. 쇼 프로그램 세트의 경우 매주 세트가 바뀌는 관계로 기존에 사용한 세트의 재활용은 거의 없다.

세트 조립 작업은 기본적으로 2인 1조로 한다. 그 이유는 부피나 무게에 의해 마주 들어야 할 때나 또는 합판을 자르거나 밀차를 이용하여 운반할 때, 그리고 사다리를 이용하여 작업할 때 등 거의 모든 세트 작업 시 2명이 함께 해야 업무 능률이 향상되기 때문이다.

방송사에서 세트의 조립과 해체는 주로 야간에 진행하기 때문에 무엇보다 세트 작업자의 안전에 유의해야 한다.

세트 조립은 방송 관련 아카데미의 교육 과정은 없지만, 노동부에서 진행하는 목공 과정을 수료한 자나 목공에 대한 관심과 방송에 대한 열정이 있으면 입문할 수 있다. 다른 파트 못지않게 도제 시스템이 매우 강한 파트이기도 하다.

🎬 세트 조립 과정

- 제작이 끝난 기존 세트의 스튜디오 밖으로 이관하기
- 평면도를 기준으로 세트 배튼과 조명 배튼을 고려해 기준점 설정하기
- 세트 배튼에 지붕이나 천정 세트(남마)를 매달아 띄우기
- 도면을 바탕으로 설치할 세트의 덧마루(니쥬) 설치하기
- 설치된 덧마루에 바닥 마감재 깔기
- 마감재 설치 후 벽체 세트 세우기
- 벽체 세트에 천정이나 지붕 세트를 하강해 고정하기
- 조립이 끝난 세트에 인테리어팀이 도배와 페인팅 작업하기
- 리허설 시 참여해 미진한 부분 해결하기
- 녹화 시 대기해 문제 발생때 즉시 해결하기

✏️ 연기자의 스킨톤을 맞추기 위해 세트에 설치한 조명 거치용 선반

✏️ 실제 연기자가 구석에 앉아 연기하고 있는 장면

왼쪽 화면에 조명의 빛이 살짝 보이고 있는데 방송에서는 카메라 앵글로 처리한다.

(2) 세트 인테리어 업무

🎬 기본 업무

세트 인테리어는 세워진 세트를 마지막으로 단장하는 업무를 말한다. 세트의 마지막을 항상 책임지기 때문에 '세트의 분장사'라고도 표현한다. 쇼 프로그램보다 드라마에서 많이 진행하며, 인테리어 업무는 도배와 페인트 작업 그리고 출입문의 손잡이나 창호 등에 관한 작업을 한다.

교양 프로그램이나 예능에서도 세트의 마감 시 작업을 하지만 대부분의 업무는 드라마 세트 제작 시에 한다.

드라마에서는 기본적으로 설치된 벽체에 도배와 시트지로 마감을 하거나 페인트 등의 도장으로 작업을 한다. 특히 세트와 세트가 세워지는 코너 부분의 벌어진 틈에 대한 마감 처리를 확실히 해야 한다.

그리고 카메라 화각에 불필요하게 노출되는 부분(일명 바레루)은 크기에 맞는 벽체를 제작해 가리고, 튀지 않는 색의 도장이나 연결된 방의 벽지와 같은 도배지로 제작한다.

창문이나 유리문 사이로 보이는 곳은 야외와 적합한 와이드 필름 배경 사진 세트를 설치하는데, 밤 장면과 낮 장면의 2개의 필름 사진을 제작해 드라마의 시제에 따라 수시로 교체해 사용한다.

✏️ **세트의 창문 밖에 설치하는 사진 세트**
기본적으로 밤 장면과 낮 장면으로 제작하며 세트 이동 거치대틀에 부착하여 사용한다.

사진 세트를 비롯한 벽체 세트(가배 세트)로 사용하는 전환용 세트는 바퀴가 달린 슬라이딩에 세트를 장착해 녹화 시 빠른 교체와 세트의 각도나 수정이 가능하다. 인테리어 작업은 세트가 모두 세워진 다음에 작업해야 하기 때문에 주로 새벽이나 아침에 출근해서 작업한다.

🦉 세트 인테리어 업무 과정

드라마의 경우

- 미술 디자이너부터 평면도와 입면도 회의
- 세트 제작팀과 협의해 인테리어 작업의 아이디어 제공
- 마감에 필요한 기본 도배지와 도료 확인
- 특수한 색의 도료는 구매 신청
- 야외와 연결 부분의 문고리 확인
- 스튜디오당 2인 1조로 작업을 진행
- 도배팀과 도장팀으로 구성

(3) 전기 장식 업무

🦉 기본 업무와 입문

세트 디자이너가 설계한 세트에 전구나 기타 생활 조명에 필요한 배선 또는 전기스탠드의 전원 장치를 정격 전원에 맞게 설치하는 업무를 담당한다.

전기 장식(소도구 전기 장식)은 세트나 책상과 침대 협탁 등에 설치되어 필요에 따라 항상 움직일 수 있고, 전기 효과는 세트에 할로겐등이나 형광등처럼 매입되어 있거나 또는 LED등을 세트에 부착해 고정되어 있다. 즉 이동이 가능한 것은 전기 장식이고, 세트에 부착하는 것은 전기 효과이다.

전기 장식은 강전과 약전을 다루는 업무를 해야 하기 때문에 전기 기사나 전기 기능사 자격증이 반드시 있어야 입문이 가능하다.

🎬 전기 장식의 종류

전식의 직접 조명 방식은 빛의 90~100%를 원하는 곳에서 아래로 향하여 물체에 직접 비추는 방식이다. 조명 효율이 좋아 빛의 밝기와 등의 배치, 크기와 모양을 고려하여 세트의 분위기와 조화를 이룬다. 백열전구가 들어가는 매입등이나 할로겐 매입등이 많이 쓰이고 있고 최근에는 LED 광원을 많이 사용하고 있다.

간접 조명 방식은 직사광으로 비추는 것이 아닌 등기구에서 나오는 빛의 90~100%를 천정이나 벽에 투사하여 반사되어 퍼져 나오는 조명 효과로, 빛이 부드러워 눈부심이 적고 온화한 분위기를 얻을 수 있다. 그러나 설치하기가 불편하고 천정이 높으면 카메라에 잡히지 않을 수 있어 미술 디자이너나 연출자와 잘 상의해야 한다.

🎬 다른 파트와의 관계

전기 장식 팀은 아래와 같은 이유로 다른 파트와 밀접한 관계가 있다.

첫째, 조명 감독과 상의하여 드라마상 전기 장식이 전체적인 흐름에 맞는지의 여부와 강한 빛과 부드러운 빛을 조절해야 하고 경우에 따라 전식을 추가하거나 철수하기도 한다.

둘째, 가끔 네온등의 사용으로 같은 고주파수대를 사용하는 음향 장비와의 혼선으로 노이즈가 발생하는 경우에는 상호 협조하여 해결해야 한다.

셋째, 카메라팀과는 바닥에 여러 개의 전선이 지나가는 관계로 카메라 이동 시 페데스틸(카메라용 이동 장치)의 바퀴에 전선이 끼어 끊어질 수 있으므로 쇼트에 유의해야 한다. 세트와 세트를 통과하는 등의 전원선은 반드시 세트 위로 띄우거나 카메라 감독의 양해를 얻어 전원선의 전원을 빼고 라인 정리 후 이동해야 전기로 인한 사고를 미연에 방지할 수 있다.

넷째, 드라마에서 녹화 중 이동하는 전기 장식 품목은 현장 소도구 담당자나 진행 연출팀에게 맡겨 진행한다.

전기 장식 업무 과정

- 미술 디자이너의 기본 도면 확인
- 제작할 세트의 기본 콘셉트 파악
- 세트 제작자와 전체적인 도면 회의
- 설치할 전식 등의 구입과 협찬 여부 결정
- 세트 스타일리스트와 전반적인 협의
- 세트의 전반적인 전원 관계 확인
- 조광 장치의 필요성과 여부와 점멸등의 확인

주말극의 밤신 녹화 장면

왼쪽의 할로겐 전식등과 오른쪽
장식장에 매입 LED등을 포설해
사용하였고 중앙의 수납 공간에는
할로겐 전식등과 조명의 노란색
필터를 사용하였다.

전기 장식으로 연출한 분위기

왼쪽 침대의 전기스탠드, 오른쪽 벽의
할로겐 매입등과 연기자를 비추는
창문의 스탠드가 전기 장식이고 조명은
창문의 달빛 효과로 처리해 연기자의
분위기와 카메라 Shot과 조화를 이룬
장면이다.

전기 장식 업무 알아보기

☆ 김재성 블루테크 대표

전기 장식 업무란 무엇인가요?

세트나 인테리어 제작 시 전기나 전기 관련 장치를 사용해 여러 가지 장식을 만들어 배경 일부를 설치하는 업무를 말합니다. 현장에서는 전기 장식을 줄여 '전식'이라고 칭하기도 합니다.

전기 장식의 종류는 어떻게 되나요?

두 가지로 나누어지는데 첫 번째는 세트에 구멍을 뚫은 다음 다양한 형태의 전기 제품을 사용해 장식하는 고정식 장치가 있고, 두 번째는 세트의 빈 곳에 샹들리에, 장식 전구 등을 매달거나 벽등을 설치하는 이동식 장치가 있습니다.

전기 장식은 어떤 자격증이 필요한가요?

팀장급은 전기공사 자격증이 반드시 있어야 하고, 팀원은 전기기능사 자격증이 있으면 가능합니다.

전기 장식 설치 시 무엇을 중요하게 여기나요?

첫째, 전기 작업에 대한 안전이 무엇보다 중요하고, 두 번째는 설치 시 작업자가 안전하게 작업을 할 수 있는 환경을 만들어 주는 것이고, 세 번째는 프로그램의 성격에 맞는 전기 장식을 연출하는 것입니다.

드라마의 전기 장식팀은 몇 명으로 구성하나요?

작업량에 따라 다르지만, 최소 단위는 2명입니다. 수천 평 규모의 야외 오픈 세트 현장에 설치할 경우는 8명에서 20명 이상의 인원이 투입될 때도 있습니다.

드라마에서 미술 감독과 전기 장식팀의 관계는 어떻게 되나요?

첫 미팅 시 연출자와 미술 감독이 드라마에 대한 전체적인 구상과 전기 장식에 대한
설명을 진행합니다. 이후 미술 감독의 기본적인 콘셉트 외에 전기 장식팀에서 보완 및
수정안과 프로그램에 필요한 아이디어를 제공하며 진행합니다.

고정 드라마의 전기 장식을 별도의 콘솔로 운용하기도 하나요?

고정 세트장에서는 전기 장식에 대한 모든 것을 조명팀에게 위임합니다. 전기 장식팀은 설
치 후 현장에 담당자가 상주하지 않기 때문입니다. 조명팀이 유니트(조광기)에 전기 장식
전원을 연결해 녹화 시 프로그램의 성격에 맞게 조절하며 진행합니다.

사극에서도 전기 장식을 사용하나요?

사극은 크게 퓨전 사극과 전통 사극으로 나뉩니다. 정통 사극의 경우 기본적인 고증을 바탕
으로 전기 장식을 적절하게 사용합니다. 정통 사극의 기본 광원은 촛불인데 화재 예방을 위
해 전기 장식용 촛불을 사용하고, 저잣거리나 연등회 등의 밤 장면에서는 LED 광원을 사용
한 전구를 사용합니다. 퓨전 사극인 경우 고증보다 내용에 맞는 재미와 화려한 볼거리를 주
안점으로 전기 장식을 설계해 사용합니다.

쇼 프로그램에서 사용하는 키네틱볼(상하로 움직이며 색이 변하는 대형 전구)은 전기 장식인가요, 조명인가요?

키네틱볼은 일본에서 유행해 한국으로 건너왔습니다. 개인적으로는 전기 장식으로 분류하
나 구매비가 고가인 만큼 프로그램에서는 조명과 전기 장식을 구분하지 않고 응용해 제작
하고 있는 편입니다.

네온(neon) 관련 제품은 전기 장식인가요?

네, 전기 장식으로 분류합니다. 네온관을 사용하는 전통적인 네온과 LED를 사용하는
NON-NEON이 있습니다.

일반적인 백열전구(텅스텐)는 모두 수입하나요?

기본적인 백열등과 작은 전구는 2000년 중반부터 에너지 절약 차원으로 국내에서는 생산하지 않고, 100% 베트남에서 수입하고 있습니다. 특수 백열전구(최근에 많이 사용하는 에디슨 전구 등)나 장식 전구는 국내에서 제작합니다.

세트가 어느 정도 세워지면 전기 장식을 설치하나요?

세트가 80% 정도 제작되면 전기 장식을 함께 설치합니다. 작업 시 안전에 문제가 있는 경우 세트팀에게 보강재를 요청해 작업을 진행합니다. 세트가 100% 제작되어 버리면 전기 장식 작업을 하기가 쉽지 않기 때문에 80% 정도 세워졌을 때 작업을 병행하는 것이 유리합니다.

설치한 전기 장식이 타 업무 분야에 영향을 주기도 하나요?

예능 프로그램의 경우 토크 시 LED 등에 의한 노이즈(hum noise)가 마이크를 타고 나가는 경우가 있어 전기 공급원을 바꾸거나 안정기를 교체하기도 합니다.

잠깐!! 전기 장식 설치 시 주의 사항

- 세트가 세워졌을 때 디자이너의 콘셉트가 무엇인지 파악
- 설치할 등기구 선정 후 설치 간격과 위치, 카메라의 동선까지 체크
- 천정에 구멍을 내고 설치 시 원하는 부위를 정확히 타공
- 전기 전선의 배선 시 조인트 부분이 확실하고 전선은 여유 있게 설치되어 있는지 확인
- 전기 용량에 맞추어 부하가 적정하게 배분되었는지 확인

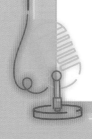

✏️ **예능 프로그램의 LED 전기 장식**

스튜디오 실링에 설치된 LED 전기 장식 컨트롤 장치가 보인다.

✏️ **무대에서 본 LED 은하수 모습**

컨트롤 콘솔을 통하여 색을 다양하게 변화시킬 수 있다.

8-3 장식 미술 관련 업무

소도구를 결정하기 위해서는 시놉시스를 충분히 읽고 드라마 내용의 전반적인 분석과 연기자의 캐릭터를 분석해야 한다. 드라마에서 소도구의 모든 콘셉트는 대부분 시놉시스의 내용에서 이루어지기 때문이다.

방송 프로그램 제작 시 세트에서 출연자가 사용하는 모든 물품을 담당하고 지원하는 업무이다. 장식 미술 업무는 소도구 업무와 인테리어 스타일리스트 그리고 조리와 화훼 업무 등으로 구분할 수 있다.

(1) 소도구 업무

소도구 관련 업무는 크게 드라마와 비드라마(예능, 교양 등)로 구분하며, 드라마의 경우 스튜디오와 야외로 나뉘는데, 여기서는 스튜디오 드라마 장식 미술(소도구)의 업무를 다루기로 한다.

드라마의 경우에는 성격, 시대적인 배경, 출연자의 성장 배경과 빈부의 차이 등을 파악해 세워진 세트에 맞는 물건을 설치하고 운용하는 업무를 진행한다.

드라마에서 소도구의 모든 콘셉트는 시놉시스의 내용에서 대부분 이루어지기 때문에 시놉시스의 체크는 소도구를 결정하는 중요한 일이다. 시놉시스를 충분히 읽고 드라마 내용의 전반적인 분석과 연기자의 캐릭터 분석을 해야 한다.

드라마에서 장식 미술 감독과 미술 디자이너 그리고 소도구 스타일리스트와 함께 스튜디오에 세워진 세트에 소도구 설치에 대한 기본 콘셉트를 정하고 기존 소도구와 협찬이나 구입한 물품의 배치에 대한 협의를 진행한다. 특히 드라마 콘셉트에 맞는 세트나 소파의 색과 벽지 등의 배색을 결정하는 것이 중요하다.

🎬 팀 구성과 현황

소도구 담당자(팀장)는 일반적으로 드라마 시작 2개월 전에 결정되고 경우에 따라 연출자가 원하는 소도구 담당자를 결정하기도 한다.

소도구팀은 팀장과 부팀장 그리고 6~7명의 설치 요원으로 구성한다. 연출자와는 드라마 제작 전에 확보하지 못한 소도구에 대한 충분한 미팅 후, 구입 관련 예산에 대해 개략적으로 합의하고 준비한다.

우리나라에는 아직까지 영화나 드라마의 소도구에 대한 과정을 가르치는 교육 기관은 없고 기본적으로 미술 관련 학생이나 기타 드라마에 관심이 많은 사람이 입사해 하나씩 배워가며 성장하는 도제 시스템으로 되어 있다. 최근에는 세트 스타일리스트가 생겨 소도구팀과 상호 보완하면서 새롭게 진화하고 있다.

🎬 예산 집행과 협찬

일반적으로 드라마의 소도구 예산은 미술 관련 예산에 포함되어 있다. UHD로 시험 방송되는 드라마의 제작으로 소도구에 대한 디테일이 요구되기 때문에 용품에 대한 예산이 늘어나리라 판단된다.

하지만 아직은 미술 예산에 대한 지원이 많지 않은 편이고 특히 소도구 예산의 집행은 굉장히 제한적이라 필요한 물품이나 가구 등은 세트 스타일리스트와 협의하여 협찬 등으로 처리하는 경우가 많다.

기본적으로 협찬을 받은 물건(특히 소파나 장롱 등의 대도구)은 드라마 제작 종료 후 해당 협찬사에 반납하는 조건으로 계약한다. 그 이유는 드라마 종영 시점이 되면 물품에 흠집이 생기거나 망가져 재사용이 어렵고 소도구 보관 창고 등이 협소해 장기간 물품을 보관할 공간이 없기 때문이다. 경우에 따라 유사한 드라마에서 재사용 신청이 오면 자연스럽게 이관해 주기도 한다.

🎬 소도구 설치

소도구는 지하실에 물품을 보관하고 녹화 시 대형 엘리베이터를 이용하여 스튜디오로 이동을 하는데 설치 시 한 프로그램당 3~4시간 정도가 소요된다. 대도구를 먼저 설치한 후 작은 소도구 등을 설치하고 보다 정확한 위치에 설치하기 위해 사진기로 촬영하여 녹화 시에는 사진을 확인하며 설치한다.

예능이나 교양 프로그램에서는 소도구의 설치가 비교적 간단해 짧은 시간 안에 설치가 용이하지만 세트의 설치와 해체가 반복되는 드라마의 경우 3000 개 이상의 소도구가 여러 세트에 설치되기 때문에 숙지하기가 쉽지 않다. 그래서 드라마 제작을 시작하면 세트 장소마다 사진 촬영을 해 소도구 설치 시 사용한다.

📝 **소도구에서 사용하는 책장과 책의 모습**
책장의 책은 실제 사용하는 책이거나 스티로폼 소재로
제작된 책을 사용해 설치와 이동을 보다 쉽게 한다.

✍️ 소도구 설치 후 촬영한 사진 모음

(2) 인테리어 스타일리스트

🎥 기본 업무

방송 프로그램 제작에서 세트 디자이너가 설계한 세트에 소도구팀이 정한 용품과 스타일리스트가 선정한 용품으로 세트 공간을 보다 시각적으로 새롭게 창출하는 세트 영상 아티스트를 말한다.

주로 드라마 제작 시 미술 디자이너와 함께 작업을 진행하며 최근에는 뉴스나 예능 프로그램에도 참여한다. 여기서는 드라마 세트 스타일리스트의 업무에 대해서만 정리해 보았다.

🎥 업무 진행 형태

인테리어 스타일리스트는 시놉시스 분석으로 업무를 시작하고 연출자의 요청으로 미술 디자이너와 함께 작업을 진행한다. 세트를 사용할 연기자에 대한 캐릭터 분석을 통해 캐스팅된 배우의 고유한 이미지와 드라마에서 추구하는 캐릭터 이미지를 반영하여 컬러 콘셉트와 관련 용품을 선정한다.

최근에는 드라마 제작 시 아트 디렉터가 미술팀을 직접 운용하기도 하며 기본 소품 등을 세팅하고 여러 가지 돋보이는 작업(간지 작업)을 별도로 진행하기도 한다. 지상파에서는 자회사가 아닌 외주 미술회사를 사용해 세트를 제작을 하기도 하며, 종편의 경우 100% 외부 미술회사에게 제작을 맡기고 있다.

이처럼 미술 디자이너나 스타일리스트나 미술 디자이너는 다양한 형태로 제작에 참여하고 있다. 그러나 인테리어 스타일리스트의 참여는 기존의 제작비에서 비용이 추가로 발생하기 때문에 연출자의 생각에 따라 모든 드라마에 참여하지는 않는다.

🎬 타 팀과의 협업

미술 디자이너는 드라마 콘셉트 시 가장 많은 의견 교환과 협의를 하는 매우 중요한 파트너이다. 잘 설계된 세트에 좋은 용품이 돋보이듯이 드라마 시작 전에 시뮬레이션을 통하여 보다 나은 세트를 구현하기 위한 작업을 진행한다. 특히 세트 배경색의 결정과 설치한 용품이 드라마의 내용과 멋진 연출이 되는 시금석인 관계로 세트의 구조와 도배지, 벽의 재질과 색상에 관하여 심도 깊게 논의한다.

스타일리스트의 업무 중에는 세트에 대한 비주얼 콘셉트 못지않게 연출자와 소도구팀과의 이견을 조절하는 일도 매우 중요하다. 드라마 제작에서 모든 연출자는 본인의 작품을 최고의 디자인과 용품으로 구성하기 원한다. 소도구에 대한 연출자의 눈높이를 맞추기 위하여 소도구 담당자와의 중간에서 메신저 역할을 하고 기존 소도구의 활용을 통하여 주어진 예산을 100% 활용해 진행한다.

연출자가 요구하는 소도구 콘셉트와 소도구팀이 확보한 소도구 아이템 간에 견해 차이가 발생할 경우 스타일리스트는 자신만의 감각으로 세트를 재해석하여 서로 윈윈할 수 있는 대안을 제시할 수 있어야 한다.

🎬 세트의 제작과 철수

미니시리즈는 첫 촬영부터 마지막까지 세트를 철수하지 않고 진행하기 때문에 세트에 관한 모든 것을 보다 완벽하게 마감하고 준비한다. 제작 시 미진한 부분은 언제나 보강과 변형이 가능하고 가변 세트보다 충분한 시간을 갖고 제작하기 때문에 연출자나 스타일리스트가 원하는 멋진 영상을 구현할 수 있다. 그리고 세트에 설치하는 용품에 대한 협찬도 가변 세트보다 원활하게 구성할 수 있고 녹화를 마치고 협찬 또는 대여한 업체에 반납 시에도 훼손되지 않고 처리가 가능하다.

가변 세트는 주로 주말이나 일일 연속극이 해당되는데 6개월 전후의 제작 기간 동안 매주 세트를 세우고 철수를 반복하기 때문에 보다 완벽한 세트 장치나 소도구의 배치가 쉽지 않다. 그리고 매번 설치와 철수를 하는 관계로 용품의 이동 시 망가지거나 흠집이 생겨 녹화 종료 후 협찬 업체에 반납 시 어려움을 겪을 수 있다.

하드웨어적인 소도구나 기타용품의 설치와 이동 그리고 진행 부분은 소도구 팀이 하고 소프트웨어적인 전반적인 장치에 대한 구상은 스타일리스트가 진행한다. 미니시리즈의 일부에서는 세트 스타일리스트가 설치 및 진행하는 경우도 있다.

✏️ **조명으로 스타일을 연출한 드라마 세트**

위 사진은 세트에 연기자를 위한 별도의 조명을 점등하여 세트가 보다 밝게 구현된 모습이다.
세트는 조명이나 전식 등이 분위기를 좌우하기도 한다.

드라마 소도구 업무 알아보기

☆ 이백수 스파티움 이사

드라마에서 소도구가 필요한 이유는 무엇인가요?

야외 촬영지나 스튜디오 세트에 각종 소도구가 없으면 연기자가 대사 외에 할 수 있는 게 많지 않습니다. 따라서 소도구는 드라마 제작 시 세트와 함께 연기자의 배경을 만들어 주는 중요한 요소라고 생각합니다.

정확한 업무의 명칭은 무엇인가요?

장롱이나 싱크대 같은 대도구는 세트에 속하고, 작은 물건인 소품을 소도구라고 합니다. 소도구와 소품은 같은 의미인데 '소품'이란 표현이 다소 별 볼 일 없게 느껴질 수 있다는 인식에 따라 수년 전부터 KBS에서 '장식 미술'이란 표현을 사용하기 시작했습니다. MBC에서도 장식 미술이란 이름으로 부르게 되었고, 외부 촬영 현장에서는 소품팀 또는 미술팀으로 분류하고 있습니다.

드라마 소도구팀은 몇 명으로 구성되나요?

스튜디오 제작 시 팀장을 포함해 4명을 한 팀으로 구성합니다. 미니시리즈에서 A, B 두 팀으로 운용할 때에는 2명이 추가되어 6명으로 진행합니다.

소도구팀의 업무 분담은 어떻게 하나요?

외부 회사에서는 예산과 전체를 총괄하는 소도구 실장과 제작 현장에서 설치와 관리를 담당하는 현장 팀장, 그에 따른 팀원으로 구성합니다.

대본은 언제 체크하나요?

제작하기 전에 실장을 포함한 모든 소도구 팀원이 대본을 숙지하고 어떤 소품을 준비할지 사전에 체크합니다. 경력에 따라 준비하는 시간과 방법이 결정되기도 합니다.

최근 연속극 드라마의 소도구 개수는 몇 점이나 되나요?

연속극의 경우 3,000점 이상으로 연기자를 제외하고 세트에 설치되는 모든 것이 소도구라고 생각하면 됩니다. 세트와 사람을 빼고 나머지는 모두 소품입니다.

스튜디오 연속극 제작 시 소도구팀의 출근 시간과 설치 시간은 언제인가요?

방송사 스튜디오 제작의 경우 오전 6시에 출근에서 11시 전후까지 기본적인 설치를 마칩니다. 오전 리허설 때 부팀장이 리허설에 참여해 빠진 품목 등을 체크하여 추가로 준비하기도 합니다.

소도구 협찬은 어떤 루트를 통해 받나요?

최근 제작에서는 소도구의 협찬 비중이 큽니다. 기본적으로 50% 이상 협찬을 받아야 하고 담당하는 팀이 별도로 있습니다.

협찬받은 소도구는 100% 반납하나요?

기본적으로 협찬 물품은 반납이 원칙입니다. 소규모 회사는 창고 등이 협소해 100% 반납하는 편입니다. 규모가 큰 소도구 회사는 사용이 가능한 물품을 협찬사로부터 기증받아 다른 프로그램에 재활용하기도 합니다.

고정 세트 시 소도구팀의 장점은 무엇인가요?

고정 세트에서는 소도구의 부분 파손이 거의 없고, 드라마 종영 시까지 사용할 수 있기 때문에 소도구의 디테일한 품질까지 신경쓸 수 있습니다.

휴대폰이나 노트북 등의 전자 기기는 소도구인가요?

소도구이며 협찬으로 처리합니다. 자동차, 휴대폰, 내용상 필요한 홈페이지, 특수 차량, 포장마차, 비행기, 선박 등은 별도의 연출팀 내 제작 파트에서 물품을 협찬받거나 PPL 등으로 진행하기도 합니다.

현장 실무 Q & A

소도구 업무를 배우는 것은 도제 시스템인가요?

학교나 아카데미 등의 교육 기관이 없어 아직 도제 시스템으로 진행하고 있습니다. 사람이 직접 손으로 해야 하는 일이라 경력이 없으면 업무를 진행하기 힘든 면이 있습니다.

향후 소도구 업무의 전망은 어떤지요?

이 업무는 AI나 로봇이 대신하기에는 너무 복잡합니다. 경우의 수가 많아 마지막까지 사람의 손을 타야 하는 작업이기 때문에 당분간 지속 발전하리라 생각합니다.

✍️ 일일 드라마 제과점 세트에 소도구를 설치한 모습

최대한 실제 모습에 가깝게 소도구를 배치해 사실감을 연출한다.

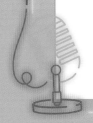

(3) 푸드 스타일리스트(조리 업무)

🎬 기본 업무와 입문

드라마 제작 시 야외나 스튜디오에서 연기자가 음식을 만드는 장면이나 먹는 장면, 또는 주방에서 연기 시 필요한 모든 음식 관련 장면에 해당하는 것을 준비하고 만드는 업무를 말한다.

음식의 조리와 관리에 있어 음식을 섭취할 연기자가 탈이 나지 않도록 하는 것이 가장 중요하며, 방송에서는 조리팀이라고 하고 최근에는 '푸드 스타일리스트'라고도 한다.

푸드 스타일리스트는 기본적으로 한식과 양식 그리고 중식 등의 조리사 자격증이 있는 사람이 입문한다.

🎬 조리팀의 구성

특정 드라마를 제외하면 보통 4~5명의 조리사가 모든 드라마를 담당한다.

선임 조리사(조리장)가 전체적인 준비와 총괄 진행을 담당하고 다른 조리사는 드라마 리허설 현장을 체크하며 대본의 지문이나 리허설 시 연출자가 요청하는 음식과 대사에서 빠진 준비물을 꼼꼼하게 챙긴다.

스튜디오 촬영 시 음식은 기본적으로 실내에서 먹기 때문에 주방에서 음식을 만드는 장면이나 식탁과 거실에서 음식을 먹는 장면은 필히 체크하고 준비한다. 소도구팀과 병행해 대본 체크를 하며 특별한 식자재의 경우 조연출이 의뢰하기도 한다.

기본적인 음식은 스튜디오 현장에서 조리사가 직접 세팅하지만 간단한 음식(커피, 물, 과일 등)은 소도구 진행팀이 맡기도 한다. 대본상 가족이나 여러 연기자가 식사를 하는 장면에서는 세팅 시 소도구팀과 함께 진행하기도 한다.

조리실에서 음식을 세팅하는 푸드 스타일리스트의 모습

드라마에서 조리는 맛 못지않게 음식의 색감과 디스플레이가 매우 중요하기 때문에 색에 대한 이해가 필요하다.

조리실에서 운반된 음식 전용 밀차

모든 음식은 랩으로 포장하고 녹화가 끝난 음식은 100% 폐기 처리한다.

실제 드라마 녹화 시 상차림 모습

식구수와 드라마 내용에 맞은 식기 등을 준비해 세팅한다. 강한 조명에 의해 음식이 상하는 것을 방지하기 위해 진행팀과 연락해 가급적 녹화 시작 30분 전에 준비한다.

🎬 푸드 스타일리스트의 업무 과정

- 대본 체크
- 식자재 구입
- 당일 오전 조리하기
- 프로그램별 냉장고 보관
- 진행표에 의한 음식 준비
- NG를 대비한 여분의 음식 준비

🎬 조리 시 유의 사항

음식에 필요한 식자재는 신선도와 색감의 유지를 위해 녹화 전날 저녁이나 당일 오전에 준비한다. 제작된 음식은 녹화 시작 전까지 냉장고에 보관하고 녹화 30분 전에 스튜디오로 이동한다. 녹화 시 뜨거운 조명 등 기구의 열에 의하여 음식이 빨리 변질될 수 있어 가급적 녹화 스케줄을 확인하고 진행한다.

기본적으로 대본의 내용에 따른 준비와 리허설 시 조리사가 참여해 연출자가 특별히 요청한 음식을 체크해 리허설이 끝난 이후 바로 음식 준비를 하고 녹화 시작 전에 스튜디오로 보내는 식이다.

대본상 김이 나는 장면이나 끓인 음식이 필요한 경우 진행 감독(FD)과 긴밀하게 협의해 해당 장면 녹화 시간과 비슷하게 조리해야 한다. 녹화 시 음식의 색깔이나 분위기를 더욱 돋보이게 해야 되기 때문이다. 짜장면이나 족발과 생선회 등과 같이 만드는 데 시간과 비용이 많이 발생하는 음식은 조리실에서 만들지 않고 주변 식당에서 주문해 사용하기도 한다.

조리 시 사실감 있는 음식 위주로 준비하고, 연기자가 어느 음식을 먹더라도 문제가 없도록 조리해야 하며, 세팅 시 음식이 더욱 돋보이도록 색에 대한 조화도 고려한다.

음식을 담는 그릇 등은 조리실에서 외부의 협찬을 받아 사용하고 유사한 프로그램은 같이 사용하기도 한다.

(4) 플로리스트(화훼 장식 업무)

🎭 기본 업무

드라마나 예능 및 교양 프로그램 제작 시 미술 디자이너의 요청으로 야외 녹화 현장이나 스튜디오 세트에 극의 분위기에 맞는 생화목(살아 있는 나무)이나 인조 나무, 꽃 또는 오브제로 세트의 배경을 장식하는 미술 업무를 진행한다. 플로리스트(florist) 또는 화훼 장식 담당이라고도 한다.

화훼 장식은 세트의 분위기를 돋보이게 하고, 보다 사실감 있는 세트 연출의 한 축을 담당하며, 녹화 현장의 분위기를 더욱 화려하게 만들기도 한다.

방송에서 플로리스트는 관련 학과나 학원, 아카데미 등에서 평소 화훼에 대해 관심이 많은 자가 입문하게 되고 타 방송사나 외국의 프로그램을 모니터링 하면서 작업한다.

🎭 플로리스트의 업무 과정

- 프로그램의 기본적인 내용 숙지
- 미술 디자이너의 개략적인 내용 전달
- 연출자나 소도구 담당자로부터 의뢰
- 생화목과 인조목에 대한 결정
- 사용할 세트의 크기 파악
- 드라이 리허설 전에 스튜디오 입고
- 소도구 담당자와 위치 확인 후 설치
- 연기자의 동선에 지장이 없는지 확인
- 녹화 종료 후 스튜디오 밖으로 출고

스튜디오는 기본적으로 세트가 세워지고 소도구가 설치된 이후 녹화 당일 오전에 설치한다. 녹화 진행 시 관리는 장식 미술팀(소도구팀)이 하고, 녹화 종료 후에는 소도구팀이 철수할 때 화훼팀도 함께 철수한다.

야외 스튜디오의 경우에는 화훼팀에서 장식을 준비하고, 설치와 진행은 소도구팀에서 담당한다.

🦉 조화를 사용하는 이유

프로그램 제작 시 일반적으로 조화를 사용한다. 생화는 가격이 비싸고 강한 조명에 오랫동안 노출되면 시들거나 죽기 때문이다. 그래서 스튜디오에서는 가급적 변질되지 않는 모조화(인조화)를 사용한다. 특히 저택 거실에 비치하는 소나무 분재 등은 100% 모조 분재를 사용한다. 실제 소나무 분재를 사용하면 천만 원 이상의 비용이 발생하기 때문이다.

📝 스튜디오 거실 내에 설치한
대형 소나무 분재
인조목으로 만들어 사용한다

📝 드라마 세트에 사용한 각종 화훼 장식
보다 돋보이기 위해 조명팀이 터치라이트 등으로 처리한다.

🎬 생화를 사용하는 경우

　사장실이나 회장실, 그리고 부잣집 거실에는 부분적으로 생화를 사용하는데, 동양란이나 서양란과 같이 잎이 없거나 작은 식물(예를 들어 선인장 등)을 주로 사용한다. 난의 경우 비교적 스튜디오의 조명에 의해 시들지 않고 수명이 길기 때문이다. 그리고 스튜디오 제작 시 마당의 작은 화단에 상추나 고추 모종 같은 채소를 키우는 장면의 경우에도 뿌리가 있는 생화목 등을 사용한다.

　사극에서의 화훼 장식은 기본적으로 당시의 그림이나 실록에 나와 있는 고증을 바탕으로 식물을 준비하는데, 최근에는 고증보다 화려한 영상미를 추구하면서 인조화나 오브제를 많이 사용하고 있다.

✏️ 오브제의 예

예술과 무관한 물건을 본래의 용도에서 분리하여 작품에 사용함으로써
새로운 느낌을 일으키는 상징적 기능의 물체를 말하며,
주로 가상의 장식용 꽃을 만들어 각종 프로그램에 사용한다.

8 — 4 의상 및 메이크업 업무

드라마에서 주인공과 등장인물에 대한 메이크업과 미용에 대한 콘셉트는 시놉시스를 분석하여 기본 계획을 수립하고 연출자가 요청하는 내용을 바탕으로 미술팀과 협의하여 최종 결정한다.

(1) 의상 장신구 업무

🎥 기본 업무

방송에서 출연자의 머리부터 발끝까지 머리에 쓰거나 몸에 입는 의류와 신발 등의 장식품에 대한 모든 관리와 스타일을 결정하는 업무를 담당한다. 즉 모자, 보이는 속옷, 겉옷, 바지, 신발, 양말 등 연기자가 착용하는 모든 것을 드라마 내용과 캐릭터에 맞게 설정하고, 그 모습을 더욱 돋보이게 관리하는 작 업이다.

드라마와 비드라마로 크게 나누어지며 드라마의 경우 소속사나 개인 스타일리스트가 연기자를 관리하고, 녹화 시 방송사 의상 담당 스타일리스트가 마지막으로 점검하고 제작에 임한다.

✎ 잘 정리된 의상실 내부

방송사에서는 많은 양의 의상을 보관하기 위해
비교적 충고가 높은 지하 공간을 사용한다. 의상
보관실에는 부분적으로 세탁할 수 있는 공간과
의상을 수선할 수 있는 공간이 있다.

✎ 용도별로 정리된 각종 특수복

의상실에는 현대 의상보다 시대극 의상이나
특수한 의상을 준비해 진행한다.

✎ MBC 사극 〈주몽〉에서 사용한 왕의
장신구를 진열한 모습

사극에서 장신구 등을 사용하고 종영한 후에
전시하여 홍보하기도 한다.

✎ MBC 사극 〈주몽〉에서 연기자
송일국이 입었던 용포

일산 MBC 드림센터 구층 드라마 스튜디오
복도에 비치되어 있다.

🎭 프로그램 별 업무 분장

현대극인 경우 기본적으로 시놉시스를 충분히 읽고 연기자의 전반적인 캐릭터를 분석하여 의상실에서 준비할 옷과 연기자 본인이나 스타일리스트가 준비할 옷에 대해 결정한다. 주인공 급의 연기자는 별도의 의상 담당자나 코디네이터가 있어서 의상팀에서는 특수 의상(연기가자 직접 구하기 힘든 사극, 시대극, 환자복, 제복 등)만 준비하고 코디네이터가 준비한 의상과의 조화나 상대 배우와의 관계 등 드라마 상에서 연결되는 것에 대해서만 관리한다.

예능 프로그램도 드라마와 비슷한 형식으로 제작되며 교양이나 일반 프로그램에 출연하는 경우에도 방송사 의상 담당자가 선정한 의상이나 기타 장식물을 착용하고 녹화에 임한다.

현대극과는 달리 사극 의상은 100% 의상실에서 제공한다. 사극에서 주인공의 의상은 드라마 시작 수개월 전부터 연출자, 의상 담당자, 한복 고증 전문가, 해당 스타일리스트 등이 여러 번 의상 관련 회의를 하고, 배우에 대한 의상 시뮬레이션을 설계해 의상 제작 전에 상호 공유하고 검토한다.

🎭 의상 선정 시 유의 사항

기본적인 의상 선정은 의상실과 연기자의 의상 담당자가 협의하고 경우에 따라 연출자의 의견을 수렴해 결정하며 특정 장면에서 반드시 착용해야 할 옷은 미리 약속한다.

시대적인 배경과 드라마의 성격 그리고 연기자와의 조화와 배색에 따른 분위기 등을 우선적으로 검토하고 상대 배우와의 톤도 고려해야 한다. 사극 의상은 비용이 많이 발생하기 때문에 별도의 예산으로 운용한다.

의상에 부착된 의류 상표와 로고들은 간접 광고와 관련하여 사전에 협의되지 않았을 경우 화면에 노출되지 않도록 주의를 기울여야 한다.

(2) 메이크업 업무

🎬 기본 업무

드라마를 비롯한 방송에 등장하는 나이, 성격, 특징 등 캐릭터에 맞는 모습으로 연기자나 출연자의 얼굴을 자연스럽게 꾸미는 일을 담당한다.

모든 방송 화면의 50% 이상은 얼굴을 비추기 때문에 출연자에게 메이크업은 매우 중요한 일이다. 특히 진화하고 있는 고화질 카메라(UHD 카메라)의 성능으로 인해 출연자 얼굴의 섬세한 부분까지 안방에 전달되고 있다. 따라서 보다 자연스럽고 아름다운 메이크업이 필요하다.

메이크업 업무는 일반 메이크업과 특수 메이크업으로 나뉘며, 일반 메이크업은 크게 드라마와 비드라마로 구분할 수 있다.

🎬 일반 메이크업 업무

드라마의 경우 분장팀은 분장 담당자 1명과 미용 담당자 1명, 총 2명으로 팀을 구성한다. 미니시리즈는 스튜디오보다 야외 촬영이 많기 때문에 2개 팀으로 구성하고, 사극의 경우는 모든 연기자가 분장실을 통하여 메이크업을 해야 하기 때문에 대형 분장차가 별도로 운영되는데, 약 6명에서 10명 내의 분장 미용팀으로 구성한다.

비드라마인 예능과 교양, 뉴스의 경우는 주로 본사 분장실에서 메이크업을 하고, 일반 출연자의 경우도 방송사 내에서 모든 메이크업을 진행한다.

▶ 메이크업 콘셉트의 설정

드라마에서 메이크업의 기본 계획은 연출자와 촬영 시작 전, 전체 회의에서 시놉시스를 통해 출연하는 연기자의 캐릭터와 분장에 대한 기본 콘셉트를 만든다. 특히 연기자의 배경이나 세월, 신분에 대한 변화에 따라 분장과 미용의 내용을 어떻게 만들 것인가에 대한 기본적인 분장 설계를 한다.

주인공과 등장인물에 대한 분장과 미용에 대한 콘셉트는 연출자가 요청하는 내용을 바탕으로 미술팀과 협의하여 최종 결정한다.

◐ 메이크업 시 유의 사항

연기자의 스킨톤 체크는 메이크업 시 가장 중요하게 고려되어야 한다. 색조를 결정짓는 중요한 포인트이기 때문이다.

현대 드라마의 경우 소속사가 있는 연기자는 계약을 맺고 있는 외부 메이크업 숍에서 메이크업을 하고 녹화에 참여한다. 이때에도 스킨톤에 대한 최종 점검은 방송사 내의 메이크업 담당자가 진행한다. 그 이유는 상대 연기자의 스킨톤이 드라마가 추구하는 전체적인 색조에 잘 맞았는지 확인해야 하기 때문이다. 담당자의 의견과 사안에 따라 메이크업을 현장에서 수정하거나 다음 녹화 시 조정을 요청하기도 한다.

🎬 일반 메이크업 업무 과정

저녁 뉴스 앵커 메이크업

- 전날 뉴스 방송 모니터링
- 동 시간 타사 뉴스와 비교
- 당일 상의 옷 색과 스킨톤 비교
- 14시 전후 메이크업 시작
- 15시 메이크업 완료
  (뉴스 사전 녹화가 16시 전후에 제작되는 경우가 많아
  오후 이른 시간에 메이크업을 진행)
- 16시~17시 뉴스 사전 녹화 모니터링
- 19시 뉴스 스튜디오 준비
- 앵커의 마지막 메이크업(방송 직전 남녀 앵커 동시 진행)
- 20시 방송 시작
- 뉴스 종영 시까지 모니터링

✎ 분장 시 사용하는 각종 색조 파우더

연기자의 스킨톤에 따라 파우더의 색을 결정하며
메이크업 아티스트는 녹화와 방송을 모니터링해
연기자에 맞는 최적의 파우더를 선택한다.

✎ 드라마 연기자에게 분장을 하고 있는 모습

✎ 드라마 연기자에게 헤어 손질을 하고 있는 모습

분장을 마친 연기자가 녹화 직전 헤어(미용) 손질을 하고 녹화를 진행한다.

✏️ 메이크업 시 사용하는
눈썹 문신용 펜슬

✏️ 헤어 관리 시 필요한
각종 핀 케이스

머리를 고정할 경우
사용하며 사극에는 많은
핀이 사용된다.

✏️ 주말극의 현장 메이크업 장면

스튜디오 제작 현장에서 연기자의 감정을 깨지 않기 위하여
분장 담당자가 직접 분장하기도 한다.

🎬 특수 메이크업(특수 분장) 업무

특수 분장은 기술적인 지식과 숙련된 기법을 사용해 연기자에게 여러 가지 방법으로 무한한 기술을 제공하여 시각적 효과를 나타내는 업무를 말한다.

복잡한 특수 분장은 대개 녹화 1~2개월 전후에 연출자의 의뢰로 시작한다. 시놉시스나 대본을 토대로 준비하고 직접 연기할 배우의 스킨톤에 대한 연구와 테스트를 거쳐 분장을 진행한다. 외국의 특수 분장 사례 등을 연구하거나, 인체 수술 장면에 대한 분장은 의사의 자문과 외과 수술 동영상을 참고하고 돼지 피부 등을 사용해 연출하기도 한다.

특수 분장은 조각가의 손놀림과 화가의 색감을 기본으로 미술, 조명, 촬영, 특수 효과, 컴퓨터 그래픽 기술이 뒷받침되어야 한다. 이를 위해서는 관련 파트를 포함해 많은 사람의 상호 협력이 있어야만 대본에 나오는 연기자의 특수 분장을 제대로 진행할 수 있다. 이렇게 작업을 진행하면서 자신만의 분장 노하우를 키울 수 있게 된다.

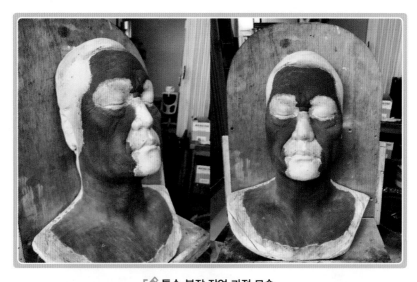

📝 **특수 분장 작업 과정 모습**

기본적인 사람의 모양을 만들어 특수 분장을 진행한다.

〈출처: 나무워크샵〉

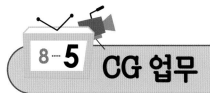

8-5 CG 업무

방송 프로그램의 시작 화면부터 방송을 마치는 마지막 순간까지 영상의 제목이나 내용에 맞는 그래픽을 제작하며 프로그램에 대한 정보를 다양하게 제공하는 업무이다.

CG의 기본 업무

CG(Computer Graphics)는 컴퓨터로 제작한 모든 화상 정보 또는 영상을 말하며, 모양과 색을 수치로 변환하여 디지털로 나타내는 방법이다. 디지털 화상은 3차원 공간에서 물체를 표현하고, 자유자재로 이동하며, 다각도에서 볼 수 있다. CG 업무는 방송 프로그램의 시작 화면부터 방송을 마치는 마지막 순간까지 영상의 제목이나 내용에 맞는 디자인을 제작하며 프로그램에 대한 정보를 다양하게 제공하는 그래픽 업무이다.

연출자가 요청하는 영상을 제작하고, 프로그램 성격에 맞는 타이틀 디자인이나 자막, 각종 모션 그래픽을 제작하여 연출한다. 예능에서 사용하는 이모티콘과 웹드라마, 미니시리즈 등에서 사용하는 의성어, 의태어, 혼잣말 등을 재미있는 말풍선으로 표현하거나, 독특한 자막이나 이모티콘 효과, 움직이는 만화처럼 표현하여 프로그램의 재미를 상승시키기도 한다. 최근에는 기술 파트와 협업해 색을 재현하거나 가상 현실(VR) 영상을 제작하기도 한다.

CG 업무는 대략 6개의 파트-시각 특수 효과, 모션 그래픽, 채널 브랜드, 타이포 그래픽, 캘리그래피, 보도 그래픽-로 분류할 수 있다.

😵 시각 특수 효과(VFX)

주로 드라마나 시사 교양 프로그램 제작 시 사용하는 작업이다. 실제 존재하지 않는 영상을 만들기도 하고 기존의 영상에 가상의 영상을 합성해 새로운 영상을 만드는 작업을 진행한다.

📝 **사극 드라마의 배경인 실제 포구 장면**

화면 위쪽으로 저수지의 물이 빠져
흙이 노출되어 있다.

📝 **왼쪽 장면에 시각 특수 효과 작업을 한 모습**

많은 배가 정박한 나루터의 모습과
저수지와 산의 모습도 새롭게 연출하였다.

📝 **CG 작업 전(좌)과 후(우)의 변화**

중요한 부분만 실사 촬영해 제작하고 그 외에는 CG를 사용함으로서 군중을 사실적으로 표현할 수 있다.

🐵 모션 그래픽(Motion CG)

　주로 예능에서 사용하는 작업이다. 예능에서는 실제 화면에 내용과 부합하는 동영상 애니메이션 등을 만들어 내용을 더욱 돋보이게 하거나 재미있게 만드는 작업을 한다.

　모션 그래픽은 패키지 디자인과 내용 그래픽 디자인으로 나누어진다.

　내용 그래픽은 출연자들의 토크 내용을 그래픽 처리하여 이해를 돕거나 이야기의 재미를 도와주는 역할을 하며 패키지 디자인은 프로그램의 성격에 맞게 이미지화(타이틀, 브릿지 등)하는 그래픽을 말한다.

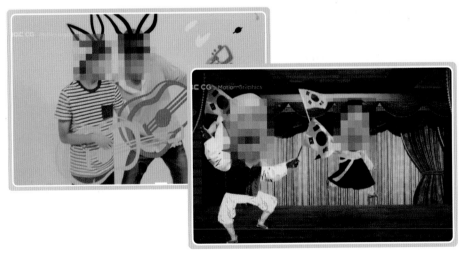

📝 각종 MBC 예능 CG 작업의 예

〈출처: https://vimeo.com/mbccg〉

✪ 채널 브랜드(Channel Brand)

방송사에서 제작되는 프로그램을 채널 이미지화하는 것으로 이어서, 연령 고지, 예고 등 다양한 형태의 제작물을 통해 채널 이미지 및 프로그램을 홍보하는 효과를 만들어 낸다.

📝 **연령 고지**

방송되는 프로그램의 연령 고지를 표현하는 부분으로 프로그램 특성을 보여주는 성격도 있지만 채널 캐릭터를 등장시킴으로써 채널 이미지를 친근하게 만드는 효과를 얻을 수 있다.

📝 **프로그램 정보 고지**

다음 프로그램의 정보를 시청자에게 미리 고지하면서 정보를 공유하는 역할을 한다.

🎬 타이포 그래픽(Typo Graphic)

프로그램의 문자에 관련된 영역으로 내용 자막 그래픽과 로고 디자인으로 구분되며 로고 디자인은 캘리그래피라는 영역을 포함하고 있다. 문자 그래픽은 매스 커뮤니케이션의 수단으로서 사용되며 출연자들의 토크 내용을 의인화하거나 속마음을 문자로 표현함으로써 재미를 더하는 효과를 얻는다.

문자를 통한 정보 전달은 정확한 내용 전달이 중요하기 때문에 읽기가 쉬어야 하고 디자인의 다른 요소들과 심미적인 조화가 이루어져야 한다.

📝 같은 글자로 만든 다양한 서체

📝 예능 프로그램에서 사용하는 타이포 그래픽의 예

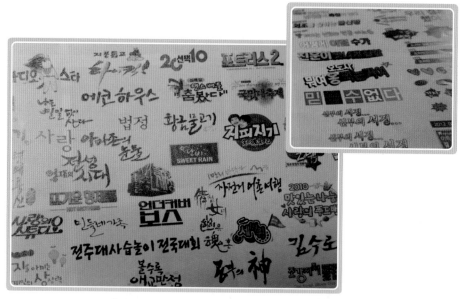

✎ 프로그램에서 사용된 문자 그래픽과 각종 글자의 예문들

✎ 문자 그래픽에서 제작된 글자나 이모티콘을 방송에서 사용한 장면

예능에서 주로 많이 사용하고 최근에는 드라마에서도 자막이 많이 등장한다.
스튜디오 녹화 시 화면의 빈 공간을 만들어 자막 처리용으로 제작하기도 한다.

😀 캘리그래피(Calligraphy)

글자를 아름답게 쓰는 기술을 말하며, 필기체, 필적, 서법 등의 뜻으로 좁게는 서예를 가리키고 넓게는 활자 이외의 서체를 뜻하는 말이다. 어원은 손으로 그린 그림 문자라는 뜻이나 조형상으로는 의미 전달 수단이라는 문자의 본뜻을 떠나 유연하고 동적인 선, 글자 자체의 독특한 번짐, 살짝 스쳐가는 효과, 여백의 균형미 등 순수 조형의 관점에서도 볼 수 있다.

방송에서는 연출자가 프로그램 기획 단계에서 캘리그래피 디자이너에게 프로그램의 내용과 연출자가 원하는 시안에 대해 설명을 하고 디자이너는 프로그램의 제목에 맞는 서체를 준비해 진행한다. 서체의 시안이 확정되면 서체를 가지고 로고 디자인이나 타이틀 등을 제작한다.

캘리그래피는 프로그램의 자막이나 타이틀 제작 시 가장 기본이 되는 작업 중의 하나라고 볼 수 있다.

✍️ **캘리그래피를 사용한 타이틀 디자인**

여러 번의 캘리그래피 작업을 거쳐 만들어진다.

✏️ **캘리그래피를 토대로 제작된 조명용 컬러 고보**

두꺼운 플라스틱 제품으로 제작하고 열이 비교적 적은 LED S-4에 장착해 사용한다.

✏️ **스튜디오 바닥에 비춘 컬러 고보의 모습**

✎ 캘리그래피를 토대로 제작된 조명용 스틸 고보

금속 재질이기 때문에 열이 많이 나는 S-4에 장착이 가능하다.

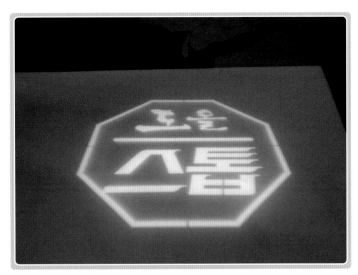

✎ 스튜디오 바닥에 연출한 스틸 고보의 모습

🎬 보도 그래픽

보도 방송 그래픽은 뉴스 내용을 짧은 시간에 효과적인 영상 메시지로 전달해야 한다. 보도 방송은 주로 생방송으로 진행하고 시간을 다투는 신속함이 중요하기 때문에 그래픽 디자이너는 숙련된 경험과 전문성이 있어야 하며 시사에 관한 정보와 관련 지식이 필요하다.

보도 방송 그래픽은 크게 뉴스와 스포츠, 기상 분야로 나누어진다.

▶ 뉴스 분야

뉴스의 타이틀과 자막은 방송사마다 차이는 있지만 주로 고딕 변형체를 사용하고 색상의 채도는 낮고 명도는 높은 차가운 색 계열이나 흰색 계열의 색상을 주로 사용한다. 신속하고 정확한 보도가 생명인 뉴스는 정보 전달의 속도에 역점을 두고 있기 때문이다. 빠른 내용 전달을 위해 가장 우선적으로 눈에 띄는 높은 명도 톤을 사용한다.

뉴스 타이틀과 자막은 준비된 자막을 사용하는 것이 아니라 실시간으로 변하는 현장 상황에 맞춰 새로운 자막을 준비해야 하므로 항상 긴장해야 한다. 뉴스 진행 시 오타나 잘못된 내용의 자막이 방송되면 그 파급 효과가 다른 프로그램에 비해 매우 크기 때문에 표준어나 인물의 이름, 사실 정보를 충분히 숙지하고 검증한 후 제작해야 한다.

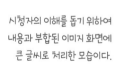
시청자의 이해를 돕기 위하여 내용과 부합된 이미지 화면에 큰 글씨로 처리한 모습이다.

✏ MBC 시사 보도 프로그램 예고의 한 장면

▶ 스포츠 분야

스포츠 뉴스의 타이틀은 역동적이고 속도감 있는 이미지를 심어주기 위해 타이틀백(title background, 프로그램 전체의 분위기나 내용, 의도 등을 조정하여 이해도를 높이고 미적 효과를 높이기 위해 디자인한 배경)을 주로 사용한다.

일반 뉴스와 진행 방법이 유사하나 경기 종목에 따라 스코어보드(score board), 네임바(name bar) 등 스포츠 종목별로 필요한 그래픽이 다르기 때문에 각 종목에 대한 지식이 요구된다.

▶ 기상 분야

기상 타이틀은 날씨와 관계된 여러 가지 조합 이미지를 사용한다. 경제적인 사회 활동이 빈번한 요즘의 시청자들은 일반적으로 날씨에 관심이 많기 때문에 제한된 소재 속에서도 독창적인 아이디어와 다양한 그래픽으로 시선을 끄는 것이 중요하다.

9장 TV 송출 관련 업무

제작 스튜디오 혹은 외주사 등에서 제작된 프로그램들은 일련의 과정을 거쳐 서버에 저장되며, 방송사의 편성표에 따라 TV 주조정실을 통해 송신소로 전달된다. TV 송출 업무는 완제된 파일의 입고부터 송출 과정에서 방송의 운행, 파일 관리, 시스템 모니터링 등을 담당하게 된다.

9 ─ 1 TV 주조정실 업무

TV 주조정실에서는 종합 편집실에서 방송에 적합하게 완제된 프로그램을 받아 송출하는 업무를 담당한다.

☺ TV 주조정실의 기본 업무

TV 주조정실(main master room)은 종합 편집실에서 방송에 적합하도록 완성된 프로그램(완제품)을 받아 송출하는 곳이며, 이와 관련된 일련의 업무를 담당한다. 참고로 스튜디오에 연결되어 방송을 제작을 조정하는 곳은 부조정실(sub master control)이라고 한다.

TV 주조정실에서는 기본적인 프로그램의 송출 업무와 편집실에서 보낸 프로그램의 타이틀과 전CM(방송 프로그램 시작 전 광고) 및 자막 등을 처리하는 방송 준비실의 업무를 감독한다. 이뿐만 아니라 중계 현장이나 해외에서 보내주는 여러 영상 등을 처리하는 회선 조정 업무 및 DMB 방송 송출 등의 업무를 진행하고 있다.

인력 구성은 방송 전체를 총괄하는 MD(Master Director) 1명과 송출 기술의 모든 것을 책임지는 기술 감독(Technical Director) 1명, 외부의 방송 소스를 담당하는 회선 조정 엔지니어 1명, 제작된 서버를 담당하는 자동 송출 엔지니어 1명까지 총 4명으로 운영한다.

🦉 주조정실 주요 업무

① MD 업무

편성 파트 소속으로 방송사에서 정한 주간 편성표나 일일 운행표에 맞추어 방송을 운행하는 책임자이다. 편성 자막을 고지하거나 필요한 자막을 제작하기도 한다. 재난 방송이나 속보가 발생할 때 편성 부장과 협의하여 방송을 변경하기도 하는 업무를 담당한다.

② 기술 감독 업무

방송 준비실에서 제작된 프로그램이 방송 운행표에 의해 정해진 시간에 잘 송출되는지 모니터하고 편성에 준비한 자막이나 속보 시 기술적인 처리를 책임진다.

📝 **TV 주조정실 모습**

방송에 필요한 모든 내용을 모니터를 통해 실시간으로 확인할 수 있다.
타 지상파 방송사의 송출을 동시에 모니터하면서 방송을 송출한다.

③ 회선 조정 업무

회선 조정 업무(network center control)는 외부에서 생방송을 위해 들어오는 모든 소스(LTE를 비롯한 중계방송이나 해외에서 보내오는 영상 등)를 컨트롤해서 원하는 곳에 보내주고 받는 역할을 한다.

④ 방송 준비실 업무

수년 전에는 방송을 테이프로 받아 송출했는데 MBC의 경우 2020년부터 모든 방송을 테이프가 아닌 파일로 바꿔 송출한다. 모든 방송용 파일은 방송 준비실을 거쳐 완제품으로 만들어진다.

⑤ 자동 송출 업무

자동 송출 업무(automatic program control)는 방송 준비실에서 넘어온 완제품 프로그램을 방송 운행표에 맞춰 정확한 시간에 방송할 수 있도록 준비하는 업무로, 사전에 제작한 편성 운행표에 따라 제작 시간이 정확하게 만들어졌는지 확인한 후 송출한다.

제작 프로그램의 기본 송출 과정

편집실에서 완제품으로 제작한 프로그램은 방송 준비실에서 타이틀과 CM, 필요한 자막 등을 삽입해 100% 완성된 프로그램으로 만들어진다. 이때 3개의 복사본(원본이 문제가 생기는 경우를 대비하기 위함으로 3중 복사라고 부름) 파일로 제작되어 APC로 보내진다. APC로 보내진 완성 파일은 지정된 공간에 위치해 방송 운행 시간에 맞춰 송출하게 된다.

2021년 7월부터 지상파의 중간 광고가 허용되어 해당 프로그램은 연출팀에서 지정한 장면에 중간 광고를 내보내는데 이 업무를 주조정실에서 진행한다.

🎬 시청 과정

지상파(MBC, KBS, SBS)의 경우 TV 주조정실에서 완성된 프로그램을 관악산 송신소로 무선(마이크로웨이브) 송출해 서울과 수도권 시청자에게 영상과 음성이 실린 프로그램을 보낸다.

수년 전에는 남산 타워에 설치된 송신탑을 메인으로 사용하였으나 좀 더 나은 영상 품질과 넓은 시청 구역을 확보하기 위해 관악산 송신소를 주로 사용하게 되었고 남산 송신소는 보조 송신소로 운용하고 있다.

방송 시청 방법은 지상파와 IP-TV 및 케이블 등으로 구분하는데, 지상파 방송 시청이라는 의미는 관악산 송신소나 지방의 여러 송신소에서 무선으로 송출한 프로그램을 가정에서 안테나를 통해 시청하는 과정을 말한다. 최근에는 IP-TV의 확장으로 지상파나 케이블을 통한 시청이 점점 줄고 있다.

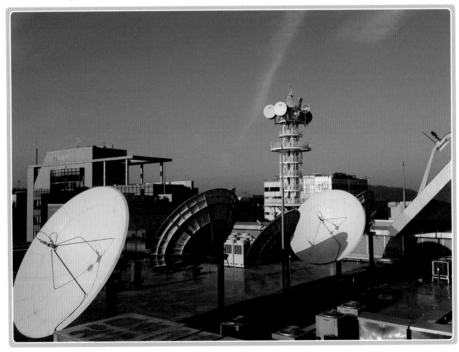

✏️ TV 주조정실에서 보낸 신호를 관악산 송신소로 보내는 안테나의 모습

🦉 외주 제작 프로그램의 송출 과정

본사나 자회사에서 제작된 프로그램은 내부 전용 라인을 통해 방송 준비실에서 완제품으로 만들어진다. 그러나 외주 제작 프로그램(MBC의 경우 뽀뽀뽀, 다큐 프라임, 출발 비디오 여행 등)은 외부에서 방송 준비실로 프로그램을 보내는 라인이 없어 대용량 외장하드를 방송 준비실로 가지고 와 복사해 송출하고 있다.

방송 준비실에서는 외주에서 입고된 프로그램의 영상과 음향에 대한 기본적인 품질도 관리한다. 외부 제작사를 위한 전용 라인을 설치하지 않은 이유는 외주 해킹 등에 따른 방송 사고를 막기 위함이다.

🦉 방송 이후 자료의 보관

방송이 나가면 모든 자료는 아카이브 팀에게 전달되어 영구 보존하게 된다. 자료는 방송본과 원본(클린 비디오)으로 분류한다.

드라마의 경우 재방송용으로 만들거나 케이블 방송에 판매하기도 하고, 예능 프로그램의 경우 방송본을 여러 가지 형태(클립)로 쪼개 유튜브 등에 탑재하기도 한다. 〈쇼 음악중심〉의 경우 아티스트(가수)의 소속사에서 프로그램을 구매하는 경우도 있는데, 이 경우 별도의 편집을 거친 뒤 홍보 영상으로 재탄생하기도 한다.

송신소 업무

지상파 방송의 경우 TV 주조정실(송출실)에서 무선으로 받은 음성이나 영상을
다시 무선으로 시청자와 청취자에게 보내주는 업무를 말한다.

🔅 송신기

지상파의 경우 송신기는 방송에서 매우 중요한 장비이기 때문에 메인 송신
기와과 비상용 송신기가 동시에 작동이 되며 하나의 주파수 대역에 여러 채널
(TV, DMB, UHD, FM 라디오, 기타 필요한 신호 등)의 콘텐츠를 무선으로 받
아 동시에 시청자와 청취자에게 보내 운용을 한다.

🔅 송신소 전원

방송을 제작하기 위해 사용하는 모든 장비는 전기를 사용하기 때문에 방송사
의 전기 공급에 대한 안정성은 매우 중요하다. 특히 방송을 시청자에게 보내주는
역할을 하는 송신소의 전기는 다른 과정의 전기 장치보다 더욱 중요하다.

송신소는 주로 높은 산 정상(관악산의 경우 500m 이상)에 위치하기 때문에
날씨 등에 의한 전기 사고의 발생이 우려되므로 전원 공급을 빈틈없이 관리해
야 한다. MBC 관악산 송신소의 경우 한국전력의 전기를 공급받아 운행하는데
낙뢰 등으로 인해 정전이 발생하면 UPS(무정전 전원 공급 장치, 대용량 배터
리와 비슷한 역할을 함)로 자동 절체되어 전원이 바로 공급된다. 10초 이상 정
전이 지속되면 비상용 발전기가 자동으로 가동되어 송신기에 전원을 공급한다.

✏️ **관악산 송신소의 송신탑 모습**

국가 보안 시설로서 지상파 송신 담당 엔지니어가 24시간 근무한다.

✏️ **송신소 내부 모습**

이곳에서 방송 중인 화면의 영상과 음향 상태를 체크하고 모니터링 한다.

NPS 업무

NPS는 방송 제작에 필요한 모든 파일을 보관 및 유통하는 중앙 시스템이며 프리 프로덕션부터 포스트 프로덕션에 이르는 방송 제작을 위한 가장 중요한 플랫폼이다.

NPS 업무 개요

2000년대 이후 방송 제작 현장의 가장 큰 변화는 모든 프로그램이 파일 기반으로 제작된다는 점이다. 즉, 제작부터 편집을 거쳐 송출 바로 전까지 전 과정을 VCR 테이프 없이 파일로 유통하고 가공한다는 것이다. 파일 기반의 제작은 방송 제작 업무의 흐름을 뒤바꾸는 새로운 패러다임을 제시함과 동시에 제작 업무의 효율성을 크게 개선하였다. 이는 단순히 제작 시스템상의 변화만을 가져온 것이 아니라, 기술적 한계의 극복을 통해 연출자 및 제작진의 창작 표현을 더 자유롭게 했다는 점에 더 큰 의미가 있다.

오늘날 제작 현장의 디지털 전환에 있어 가장 큰 변화를 이룬 시스템은 바로 네트워크 기반 제작 시스템인 NPS(Network Production System)다.

NPS의 도입은 제작 프로세스와 업무 흐름을 크게 뒤바꾸며 콘텐츠 제작 과정에 있어 작업의 편의성과 효율성을 높였다.

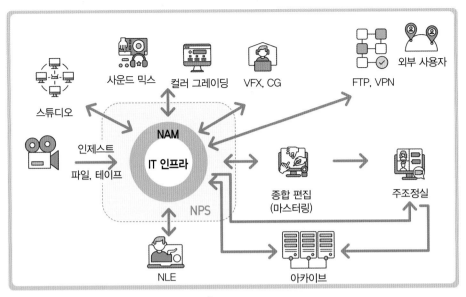

NPS 개요도

위의 그림과 같이 제작 현장에서 촬영한 파일은 미디어 스테이션이라는 곳을 통해 인제스트(디지털 영상 파일 형태로 변환하는 작업)되어 NPS 시스템에 입고된다. 입고된 파일은 편집을 거쳐 후반 작업을 위해 Sound Mix실, DI실, CG실 등과 파일을 주고받는다. 편집이 완료된 파일은 종합 편집실로 보내져서 최종 방송본을 위한 마스터링 작업을 거쳐 주조정실로 보내져 방송을 송출하게 된다.

이때 제작 NPS는 모든 파일을 보관 및 유통하는 중앙 시스템이며 프리 프로덕션부터 포스트 프로덕션에 이르는 방송 제작을 위한 가장 중요한 플랫폼이다. 따라서 NPS에 있어 콘텐츠를 효율적으로 검색하고 활용하고 유통할 수 있도록 콘텐츠를 관리해주는 MAM(Media Asset Management) 시스템은 매우 중요하다.

MAM 시스템을 통해 NPS 팀은 콘텐츠의 생성, 수정, 보관, 배포, 폐기 등 디지털 콘텐츠 전체를 관리한다. 또한 안정성 관리가 이 시스템을 운용하기 위해 매우 중요한 업무가 되었다.

🐵 NPS팀의 주요 업무

NPS팀의 주요 업무는 다음과 같다. 인제스트 관리, 네트워크 관리, 스토리지 관리, 아카이브 관리, 보안 관리, 백업 관리 등이다. 따라서 기본적인 IT 지식을 바탕으로 네트워크, 서버, 스토리지에 대한 높은 이해도가 요구된다.

NPS 팀은 24시간 교대 근무를 통해 시스템을 관리 및 모니터링 하여 문제가 발생하지 않도록 함과 동시에 제작진과의 협업과 시스템 업그레이드를 위해 지속적인 기획과 연구를 수행한다.

보도 기능이 있는 일부 방송사의 경우 제작 NPS와 보도 NPS를 나누어 운영한다. 각 NPS의 IT 시스템 및 운영은 거의 동일하지만, 보도 NPS는 취재 및 생방송 뉴스에 필요한 시스템이 추가로 운영되고 있다.

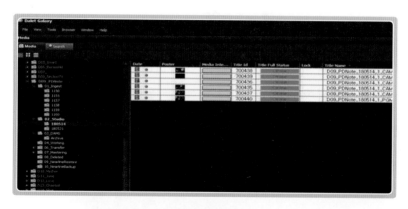

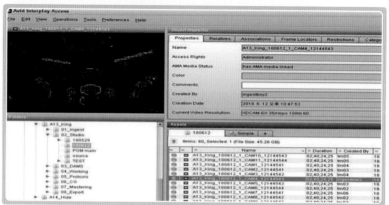

📝 제작 NPS로 입고된 파일들을 보여주는 시스템(위: PD수첩, 아래: 복면가왕)

아카이브 업무

디지털 아카이브 시스템의 구축을 통해 콘텐츠의 재가공 극대화, 효율적 관리, 호환성 증대, 지적 재산권 확보 등의 긍정적 효과를 얻을 수 있다.

🎥 아카이브 업무 개요

다양한 미디어 플랫폼의 등장으로 매체 간 콘텐츠의 경쟁과 중요성이 높아지고 있다. 이에 따라 '원 소스 멀티 유즈(One Source Multi Use)'에 대한 필요성과 수요가 급증하면서 방송사는 보유한 콘텐츠를 보다 쉽고 편리하게 저장하고, 가공하고, 유통하여 수익을 창출해야 하는 시스템을 구축하는 것이 중요한 업무 중 하나가 되었다. 아카이브 업무는 방송사 내 이런 시스템을 구축하고 유지, 관리, 개발하는 업무를 의미한다.

아카이브(archive)란 영어로 정부나 관공서, 기타 조직체의 각종 문서를 보관하는 기록보관소를 의미한다. 과거의 아카이브가 VCR 테이프나 도서 등을 저장하는 물리적 장소를 의미했다면 오늘날의 아카이브는 파일을 저장, 관리, 유통하는 서버 등의 장비들과 자료를 조회하고 입출력하는 서비스로 여겨진다.

✏️ 아카이브 내부의 저장 장치

🎬 디지털 아카이브 시스템

초창기의 아카이브는 TV·라디오 방송 프로그램을 저장하는 것이 대부분이었다. 하지만 NPS의 도입 이후 취재, 제보 영상, 다큐멘터리 중요 소재, 과거 영상 자료, 다양한 클립 등 저장 범위가 확대되면서 사용량이 급격히 증가하고 있다.

현재 방송사의 디지털 아카이브 시스템(Digital Archive System)은 NPS의 도입과 더불어 VCR 테이프 대신 보관과 사용이 더 용이한 LTO(Linear Tape-Open)라는 미디어에 저장하는 방식을 사용한다. LTO는 장기간 저장이 가능하고 보안과 효율성 측면에 있어 상당한 이점이 있다.

그러나 디지털 아카이브 시스템에 자료를 아무리 잘 저장한다고 할지라도 이를 제대로 활용하기 위해서는 자료를 잘 관리하고 손쉽게 검색하여 활용할 수 있도록 하는 것이 중요하다. 따라서 메타데이터의 정확성, 분류의 정밀성, 자료의 통일성 등을 고려해 방대한 자료를 규칙적이고 체계적으로 보존하고 접근성을 높일 필요가 있다.

✏️ 시스템의 현황을 모니터링 및 통합 제어하는 모습

아카이브 팀의 주요 업무와 필요 역량

콘텐츠와 지적 재산권의 체계적인 관리를 위해 아카이브 팀이 꾸려져 있으며, 아카이브 팀은 다음과 같은 업무를 수행한다.

- 보존 콘텐츠의 선정
- 콘텐츠의 분류와 보존 기간 선정
- 메타데이터의 표준화를 통한 손쉬운 접근 관리
- 검색을 위한 클립 선정 작업
- 스토리지 및 네트워크 관리

해당 업무를 수행하기 위해서는 기본적인 IT 지식을 바탕으로 네트워크, 서버, 스토리지에 대한 높은 이해도가 필요하다.

서버 스토리지의 모습

9-5 기술 기획 업무

기술 기획 업무는 현재보다는 미래에 무엇을 할 것인가를 고민하고, 회사 전체의 기술 개발 전략과 미래를 제시하는 역할이므로 뛰어난 소통 능력과 능동적인 주도성, 그리고 강한 추진력이 필요하다.

🎬 기술 기획 업무 개요

지상파 방송사의 기술 기획 업무는 국가의 방송 정책에 발맞추어 상시적인 기술 동향 파악 및 기술 개발과 함께 전략 수립과 수립된 전략 실행을 위한 기술 조직과의 소통을 담당하여 콘텐츠 제작 지원과 가공, 유통에 있어 원활한 파이프라인이 가동되도록 하는 역할을 담당한다.

방송 기술은 크게 프로그램의 제작과 송출을 담당하는 현업 엔지니어와 방송의 전반적인 업무와 미래 방송 기술에 대한 준비를 진행하는 기술 기획 업무가로 나누어진다.

▶ 방송 기술

제작 송출 업무	기술 기획 업무
현업 엔지니어가 프로그램의 제작과 송출을 담당한다.	기술 기획 업무가가 방송의 전반적인 업무와 미래 방송 기술에 대한 준비를 진행한다.

🦉 기술 기획팀의 주요 업무

- 기술 예산의 집행 및 의사결정
- 상시적인 기술 동향 파악
- 기술/개발 전략의 수립
- 기술 조직 관리를 통한 인력의 효율적 운영
- 수립된 전략의 실행을 위한 현업 부서와의 소통 담당

이러한 주요 업무를 위해 기술 기획 팀원은 사내 현업자들과의 회의, 외부 업체와의 미팅, 국내외 경쟁사 동향 분석, 전시회 참관 및 세미나 등을 통한 기술 교육, 다양한 기술 자료 검토 등을 통해 최신 기술 동향 정보를 수집하고, 주요 기술에 대한 선행 검토, 기술 개발, 전략 수립 등을 수행한다.

또한 조직 내 기술 전략의 실행을 위해 소통 창구로서 상호 협업을 이끌고 향후 기술 개발 전략을 조율하는 중심적 역할을 하게 된다. 그뿐만 아니라 수집된 기술 정보와 지식을 조직 내에 교육 및 전파하는 역할도 담당한다.

🦉 기술 기획 업무에 필요한 역량

일반적으로 방송사 내 기술 기획 업무의 전공은 전기·전자·IT 분야를 선호한다. 그러나 최근 방송국의 사원 선발에 있어 전공 분야에 대한 제한을 두지 않는 추세이므로 전공 분야에 따른 제한은 없다는 보는 것이 바람직하다.

기술 기획 업무는 현재보다는 미래에 무엇을 할 것인가를 고민하고, 회사 전체의 기술 개발 전략과 미래를 제시하는 역할이므로 뛰어난 소통 능력과 능동적인 주도성, 그리고 강한 추진력이 필요하다. 또한 신기술에 대한 강한 호기심과 변화를 즐길 수 있는 태도도 필요하며, 여러 가지 정보와 지식을 종합하고 분석하며, 개념적인 사고를 도출할 수 있는 역량도 요구된다.

10장 라디오 관련 업무

1960년대에 우리나라에 대중화된 라디오는 많은 사람의 사랑을 받아 오늘날에 이르렀다. 최근 TV, 인터넷, OTT 서비스 등에 밀려 위상이 크게 줄어들긴 했으나, 인터넷 스트리밍, 스마트폰 앱, 재난 비상 방송 등으로 또 다른 발전을 모색하고 있다. 특수한 감성 전달력과 높은 휴대성이 특징인 라디오, 그 속에 담긴 제작 현장의 모습을 함께 살펴보자.

라디오 연출 업무

라디오는 누구나 손쉽게 접할 수 있고 친근감이 매우 높은 매체이기 때문에 매체 특성에 맞도록 프로그램을 기획·연출해야 한다.

🎬 기본 업무

라디오 연출자는 모든 것을 소리로 기획해 라디오를 통해 청취자에게 전달하며 이에 필요한 음악이나 음성의 제작 업무를 진행하는 사람을 말한다. 라디오 프로그램을 비롯한 오디오 콘텐츠를 기획하고 연출하는 일을 담당하며, 기본 업무는 거의 TV 연출 업무와 흡사하다. 다만 방송을 송출하는 플랫폼이 영상과 오디오를 동시에 다루는 TV가 아닌 오디오만을 다루는 라디오를 사용한다는 점에서 차이가 있다.

라디오 연출자는 1시간 혹은 2시간 동안 매일 라디오 프로그램을 연출하면서 해당 프로그램의 공개 방송이나 〈여름 음악 페스티벌〉, 〈DJ 콘서트〉 등 2~3,000여 명의 청취자를 초대하는 대규모 공연을 연출하기도 한다. 시사 프로그램 라디오 연출자의 경우는 직접 취재를 하거나 출연하는 경우도 많다.

라디오는 누구나 손쉽게 접할 수 있고 친근감이 매우 높은 매체이기 때문에 매체 특성에 맞도록 프로그램을 기획·연출해야 한다.

🎬 라디오 연출자의 주요 업무

일반적으로 라디오 프로그램의 경우 1, 2명의 연출자(PD)와 2명 내외의 작가로 구성되어 업무를 진행한다. 연출자는 프로그램 기획을 포함하여 모든 업무를 총괄 진행하나 게스트 섭외나 구성 회의 등은 제작진들과 공동으로 협업하여 진행하는 경우가 많다.

정규 방송의 경우 라디오 연출자는 프로그램의 방향과 콘셉트 등을 주도적으로 기획하고 콘텐츠를 실제로 제작하는 총괄 진행 및 책임을 담당한다. 생방송 진행과 녹음, 편집 등 모든 기술적인 업무와 콘텐츠 결정에 모두 참여한다.

다른 제작진들과 함께 매일 매일 그날 방송을 어떠한 내용으로 채울지 회의를 하고, 그에 따라 게스트를 섭외하거나 음악을 선곡하며 작가들이 작성한 원고를 체크한다.

녹음 혹은 생방송은 연출자가 직접 콘솔을 잡고 진행하거나 라디오 엔지니어와 함께 제작하는데, 엔지니어와 함께 제작할 경우에는 큐사인을 통해 방송을 진행한다. 큐사인은 손짓과 표정 등 신체 언어로 출연자 또는 제작진에게 필요한 표현이나 행동을 하도록 지시하는 연출자의 동작이다.

🎬 라디오 연출자의 업무 진행 과정

- 프로그램 기획
- 작가 섭외
- 청취자 성향 분석
- 진행자 선정
- 동시간 타 방송사 프로그램 모니터링
- 예고 제작
- 프로그램 제작
- SNS 등 청취자 반응 확인
- 매일 아이템 선정
- 방송 후 모니터링 회의

🐙 라디오 연출자에게 필요한 역량

라디오 연출자의 경우는 시사, 음악, 종합 구성, 라디오 편성, 공개 방송 등 다양한 연출 경험을 쌓을 수 있다. 라디오 프로그램의 경우 매일 고정된 시간에 청취자들과 만나 소통하기 때문에 생방송으로 진행되는 경우가 대부분이다. 따라서 방송 중 발생할 수 있는 다양한 돌발적 상황에 당황하지 않고 순발력 있게 대처해야 한다.

라디오 연출 업무는 매일 비슷한 루틴의 반복인 동시에 매일 새로운 무언가를 만들어내는 일이며 공식적인 출퇴근 시간은 있지만, 콘텐츠에 대한 고민은 출퇴근이 따로 없다는 점에서 차별성이 있다고 할 수 있다. 따라서 이 업무는 끊임없이 고민하고 생각하는 사람, 자신이 주도적으로 일을 만들어서 하는 유형의 사람에게 적합한 업무라 할 수 있다.

라디오 연출자는 일반적으로 방송사 공채로 입문한다. 입사 지원 시 라디오 연출 파트를 선택해 시작하게 되고, 특별한 변화가 없는 한 타부서로의 이동 없이 라디오 제작 파트에서만 근무하는 편이다.

✎ 콘솔을 직접 운용하는 라디오 연출자의 모습

🎬 라디오 프로그램 큐시트 해설

❹ 순 서			❺ 내 용	❻ 비 고
	❼ 12:20	❽ SM	❾ Opening	
		❿ M 1	그 집 앞 / 이재성	
		⓫ Filler		
1부		⓬ 1부 CM		
		⓭ M 2		
		⓮ 코드	< 다이얼을 돌려라 >	
		⓯ M 3	아가에게 / 송골매 (1983년)	
			SB 1239 + 근로복지공단(~12/31)	
		코드	< 손에 잡히는 퀴즈 >	

❶ 싱글벙글쇼

❷ □□17년 □월 1□일 화요일

❸ # 연출 : ●●●● # 구성 : ●●●, ●●●, ●●●● # ●● : ●●●

✏️ MBC 라디오 프로그램 큐시트의 일부

❶ **프로그램 제목**

❷ **방송 날짜** : 생방송의 날짜와 요일 등 표시

❸ **제작진**: 연출, 작가, 효과 담당자 등

❹ **순서**: 1부에서 4부까지의 전체적인 차례 표시

❺ **내용**: 코너별 타이틀 제목이나 내용 표시

❻ **비고**: 꼭 필요한 내용이 있는 경우 별도 표시

❼ **방송 시간**: 1부는 12시 20분에 시작된다는 표시

❽ **SM**: 시그널 음악 또는 타이틀 음악

❾ **오프닝**: 진행자의 프로그램 첫 멘트 표시

❿ **M1**: 첫 번째 선곡된 노래의 제목과 가수 이름 표시

⓫ **Filler**: 노래가 나간 이후 삽입되는 각종 음악이나 예고성 안내 멘트를 처리하는 것으로 생방송 시 편성 시간을 조절하기 위한 표시

⓬ **1부 CM**: 광고 시간. Filler와 CM이 나가는 시간에 연출자가 생방송에 필요한 진행자의 멘트와 준비 사항에 대해 최종 점검

⓭ **M2**: 두 번째 노래 표시

⓮ **코드**: 이 프로그램의 첫 번째 아이템 제목(다이얼을 돌려라) 표시

⓯ **M3**: 세 번째 노래 표시

10 — 2 라디오 작가 업무

라디오 작가는 라디오 프로그램의 방송 소재의 발굴과 출연자 섭외, 내용을 구성하는 원고 등을 작성하는 업무를 담당한다.

📷 라디오 작가의 기본 업무

라디오 연출자가 프로그램의 뼈대를 만드는 사람이라 한다면 라디오 작가는 프로그램의 뼈대에 살을 덧붙이는 역할을 하는 사람이라고 할 수 있다.

라디오 작가의 업무는 방송 내용, 즉 오디오 콘텐츠를 만드는 일이다. 특히 원고 작성이 주요 업무이며, 방송 아이템을 기획하고, 전문가를 찾아서 섭외하고, 인터뷰 내용을 작성한다. 따라서 평소에도 늘 아이템을 탐구한다.

뉴스와 타 방송 모니터링, 사람들과의 교류 등도 업무의 일환이다. 신규 프로그램을 론칭할 때 라디오 연출과 협업하여 프로그램의 전체 콘셉트와 구성 등을 기획하기도 한다. 이 모든 것들이 라디오 작가의 업무이다.

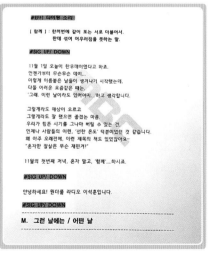

✏️ 라디오 진행 대본의 예

라디오 작가 업무 알아보기

☆ 장주연 MBC 라디오 작가

프로그램 제작 시 라디오 작가의 업무는 어떻게 진행되나요?

라디오는 매일 아침 정해진 시간에 생방송으로 진행됩니다. 생방송 전에는 필요한 원고를 준비합니다. 생방송 중에는 방송 내용을 체크하고, 청취자들의 반응을 살펴보고, 패널(출연자)들을 챙깁니다.

생방송이 끝나면 작가는 어떤 업무를 하나요?

방송이 끝나면 다음에 진행할 아이템을 준비합니다. 뉴스를 보고 평소 프로그램에 맞는 내용과 패널을 섭외합니다. 매일 생방송을 해야 하는 프로그램 특성상, 아이템 결정과 출연자 섭외는 며칠 전에 미리 진행하는 편이고, 평소에 여러 패널과 소통하면서 인맥을 쌓아둡니다.

📝 생방송 전 원고를 준비하는 작가의 모습

라디오 작가를 꿈꾸는 사람들이 가져야 할 덕목은 무엇인가요?

매일 생방송을 진행하는 작가에게 가장 중요한 것은 시간 개념과 자기관리입니다. 생방송은 1초도 중단되면 안 되기 때문에 시간을 잘 지키는 것이 기본입니다. 매일 규칙적으로 반복되는 일을 오랫동안 진행하기 위해서는 재능보다도 꾸준함과 성실함이 우선이라 생각합니다.

일하다 보면 매너리즘도 찾아오기 마련이고, '내가 실력이 없는 건가?' 하며 고민하는 날도 있고, 팀워크가 잘 안 맞는 팀을 만나 힘들 때도 있지만 끈기로 버티는 자세가 필요합니다.

업무를 배우는 과정에서는 무엇이 중요한가요?

방송국에서는 저마다 재능 있고 개성 넘치는 사람들이 많습니다. 다양한 사람과 일을 하다 보면 때로는 전체를 위해 자신을 낮추고 조화를 먼저 생각하는 자세가 필요합니다. 자기를 아끼고 사랑하는 자존감이 높은 사람이라면 그 과정이 어렵지 않을 것이고, 진정 일을 좋아한다면 다 극복할 수 있는 일입니다. 조바심과 경쟁심을 내려놓고 장기적인 안목으로 커리어를 키워나가는 과정을 즐겨야 합니다.

프리랜서 작가의 주요 덕목과 경쟁력은 무언인가요?

프리랜서는 자기관리를 잘하는 것과 패널들을 직접 만나고 교류할 일이 많기에 사람과의 관계성이 중요합니다. 경제나 시사 정치 등 전문 분야의 프로그램을 진행하기 위해서는 여러 영역에 관한 폭넓은 공부도 필요합니다. 전문 분야는 연출자가 챙기지 못하는 부분까지 알고 있어야 하는 것이 작가의 영역입니다. 창의력과 기획력의 차별화가 프리랜서 작가의 경쟁력이라 할 수 있겠습니다.

10-3 라디오 방송 제작 업무

라디오 제작 업무는 라디오 프로그램의 제작에 요구되는 일련의 모든 업무를 의미한다. TV보다 시스템과 업무가 비교적 간단하지만, 매체의 특성이 분명하기에 그 특성을 잘 이해하고 활용하는 것이 매우 중요하다.

🎬 제작 개요

라디오 제작은 TV와는 달리 소규모의 제작진으로 제작하며 제작 시 연출자의 의중을 진행자에게 바로 전달할 수 있다. 또한 프로그램마다 다소 차이는 있지만, 제작진은 연출자와 진행자, 작가 그리고 엔지니어를 포함한 5~6명 정도로 꾸려지며, 콘텐츠는 음악이나 노래가 70% 이상으로 구성된다.

라디오 프로그램의 제작은 거의 매일 생방송으로 이루어지고 있음을 고려하여 시사 프로그램뿐만 아니라 음악 프로그램이라도 그날의 이슈 등을 반영해 아이템을 매일 결정해야 한다. 따라서 라디오 연출자는 평소에 뉴스, 트렌드 등에 관심을 두고 제작에 임해야 한다.

MBC의 경우, FM 91.9MHz 주파수 라디오 방송은 90% 이상 음악으로 방송을 진행하고 있고, FM 95.9MHz는 버라이어티하게 방송을 구성한다.

FM 음악 방송의 경우, 소수의 제작진으로 제작할 수 있고 새벽에 방송되는 프로그램은 전날 녹음하기도 한다. 특히 새벽 방송 프로그램은 제작비 절감 등의 이유로 작가 없이 연출자가 직접 원고를 쓰는 때도 있다.

🎬 라디오 제작팀 구성

보통 하나의 프로그램 제작을 위한 팀 구성은 기본적으로 진행자(DJ)와 연출자(PD), 작가로 구성된다. 방송의 분량과 형식에 따라 조금씩 다르게 구성되기도 하는데, 좀 더 포괄적으로 본다면 고정 출연자들도 프로그램 제작을 위해 참여한다.

대부분의 라디오 프로그램이 매일 지정된 시간에 고정적으로 방송되기에 진행자 역시 프로그램의 내용 전반에 걸쳐 많은 의견을 제시하고 참여하는 편이다. 특히 라디오는 진행자의 역할이 매우 중요하기 때문에 프로그램 성격에 맞는 진행자를 섭외하는 데 가장 공을 많이 들이고 있다. 최근에는 팟캐스트에서 다년간 활동한 진행자를 섭외해 프로그램을 만들기도 한다.

라디오 작가는 연출자, 진행자와 함께 모든 과정에서 협업하고, 출연자들과 직접 접촉한다. 각자의 영역에서 전문적으로 움직이고 판단하는 것이 기본이며, 프로그램 제작의 모든 과정에 있어 팀워크가 가장 중요하다.

✏️ MBC 라디오를 오랫동안 진행한 DJ들의 사진

🎙️ 라디오 방송 제작

　라디오 방송 제작은 크게 생방송과 녹음 방송으로 나누어진다.

　생방송은 실시간으로 청취자와 어플, 문자, SNS 등의 다양한 채널을 통해 양방향 소통을 하면서 진행하기도 하고, 원래에 구성했던 내용이 생방송 분위기에 따라 조금 바뀌어 제작되기도 한다.

　청취자와의 활발한 소통을 위해 프로그램 내용에 따라 청취자의 사연을 소개하는 편지로 구성하는 프로그램을 만들거나, 비교적 쉬운 퀴즈나 짧은 시구를 제시해 청취자의 참여를 유도하기도 한다.

　최근에는 청취자에게 더욱 재미와 감동을 전달하기 위하여 스튜디오 내에 여러 대의 카메라를 설치해 '보이는 라디오'를 진행하기도 한다. MBC의 경우는 1층에 오픈 스튜디오인 가든 스튜디오를 마련해 일반 청취자나 시민이 언제나 라디오 제작 장면을 볼 수 있게 하였다.

✍️ 프로그램 제작 중인 라디오 부조 엔지니어와 음향 콘솔

진행자나 출연자의 마이크와 움직임을 보면서 음향 조절과 음악에 대한 조정을 진행한다.
사진 오른쪽 상단 액정의 표시 시간은 현재 제작되고 있는 시간을 나타내고 있다.

✍ 상암 MBC 1층에 위치한 보이는 라디오 스튜디오

모든 프로그램을 보이는 라디오로 제작하는 것은 아니다.
보이는 라디오는 SNS나 홈피를 통해 사전에 공지한 후 생방송 또는 녹음 방송으로 제작한다.

✍ MBC 라디오 전용 공개홀인 골든마우스홀 전경

라디오 공개 방송 시 사용하는 스튜디오로 214석의 객석이 접이식 의자로 되어 있다.
필요시 객석을 스탠딩으로 바꿀 수 있는 가변 스튜디오 공개홀이다.

라디오 제작은 녹음(TV의 녹화) 제작이 많은 편인데 크게 기존 생방송 프로그램의 사전 녹음 방송(생방송 음악중심의 당일 사전녹화와 유사)과 기본적인 오리지널 녹음 제작방송으로 나누어진다.

🦉 사전 녹음 방송 제작 과정

라디오 프로그램은 TV와는 달리 기본 편성이 결정되면 거의 모든 프로그램이 365일 매일 같은 시간에 동일한 진행자가 방송을 진행한다.

예를 들어 MBC 간판 라디오 프로그램인 '양희은 서경석의 여성 시대'는 9시 5분부터 오전 11시까지 매일 생방송으로 진행을 해야 한다는 의미이다.

365일 휴일이 없이 생방송을 진행하는 것은 진행자나 스태프가 매우 힘들기 때문에 주말을 비롯해 2~3일 정도는 녹음 방송으로 제작을 하는 편이다. 녹음 방송은 본 방송 이후에 같은 스튜디오에서 생방송과 똑같은 조건으로 제작을 한다. 사전 녹음 방송의 경우 특집 형식의 내용으로 진행을 하는 편이고 그 주에 방송된 내용 중 재미있는 코너를 다시 한번 들려주는 형식으로 제작하기도 한다.

🦉 기본 녹음 방송 제작 과정

음악프로가 주류인 91.9MHz FM4U의 방송은 일정 시간대를 제외하고는 표준 FM 방송 보다 녹음 방송으로 제작해 송출하는 편성이 많다.

녹음 제작 시 진행자 1~2명 연출자 1명, 작가 1명으로 구성된다. MBC의 경우 녹음 시 엔지니어가 참여하지 않고 연출자가 마이크와 녹음 콘솔의 사전 점검 후 바로 녹음을 하고 편집해 송출실로 보낸다.

녹음 방송 제작 시 엔지니어가 없는 이유는 내용상 멘트보다 노래가 많고 수시로 녹음 제작이 진행되기 때문에 방송 장비의 이상이 있는 경우를 제외하고는 엔지니어 없이 제작한다.

✎ 연출자가 녹음 스튜디오에서 제작하고 있는 모습

✎ 라디오 제작 부조정실에서 작가와 연출이 프로그램의
진행을 모니터링하고 있는 모습

라디오 송출 업무

각 라디오 스튜디오에서 제작된 프로그램들은 서버에 저장되어 방송사의 편성표에 따라 종합적으로 라디오 주조정실을 통해 송신소로 전달된다. 라디오 송출 업무 담당자는 이러한 일련의 과정에서 프로그램의 유통과 관리, 시스템을 담당하게 된다.

송출 개요

라디오 방송에서 송출은 음성 신호를 먼 곳까지 보내기 위해 음성 신호를 특정 주파수를 가진 전파 위에 실어서 보내는 것을 의미한다. 최근에는 고전적인 송출 방식과 더불어 인터넷 스트리밍을 통해 송출도 하고 있기 때문에 PC의 웹이나 플레이어, 스마트폰 어플들을 통해서도 쉽게 라디오를 접할 수 있다.

라디오 송출은 TV와는 달리 24시간 정파 없이 방송을 지속한다. 고전적인 라디오 송출 방식은 크게 AM 방송과 FM 방송으로 나누어지는데 과거에는 AM 방송으로 송출하다가 1988년부터 FM 주파수를 할당 받아 최근에는 FM이 라디오 방송의 메인으로 송출하고 있다. AM과 FM 모두 음성 정보를 변환에서 전파에 싣는 방법에 차이가 있을 뿐 전자기파를 사용한다는 점에서는 서로 같다.

각 라디오 스튜디오에서 제작된 프로그램들은 서버에 저장되어 방송사의 편성표에 따라 종합적으로 라디오 주조정실을 통해 송신소로 전달된다. 라디오 송출 업무 담당자는 이러한 일련의 과정에서 프로그램의 유통과 관리, 시스템을 담당하게 된다.

🎙 주파수와 송출 방식

　AM 방송은 음의 품질은 떨어지지만, 전파의 파장이 비교적 길어 매우 넓은 영역으로 방송을 보낼 수 있는 장점이 있어 비상용으로 사용할 수 있고 수천 km 떨어진 베트남에서도 방송 청취가 가능하다고 한다.

　FM은 음의 품질이 우수해 초창기에는 표준 FM이라는 이름으로 방송을 시작했고 음악 방송을 제작하기에 최적화되었으나 지금은 모든 라디오 방송이 FM으로 송출하고 있다. 단 FM은 물리적 장벽을 통과하지 못하므로 송출 시 높은 곳에서 전파를 보내거나 터널, 지하 등에서 수신하기 위해 별도의 중계기를 설치해야 한다는 단점이 있다.

　MBC의 경우 서울과 수도권은 관악산에서 라디오 방송을 송출한다. 상암 사옥에서 관악산 송신소로 광케이블을 통해 신호를 전송하고, 관악산 송신소에서 다시 무선으로 서울과 수도권에 방송을 송출하여 청취자가 라디오를 듣게 되는 것이다. 지방의 경우는 KT 광통신망을 사용해 해당 지역의 송신소(주로 거점지역 산 정상에 있음)를 통해 전파를 내보낸다.

▶ AM와 FM

> AM(Amplitude Modulation, 진폭 변조 방식) 535~1705kHz

먼 곳에서 수신할 수 있다. 그러나 주파수의 진폭을 변경하기 때문에 일정하지 않은 진폭을 가지며 잡음의 영향이 비교적 크고, 다른 신호에 의해 방해를 잘 받는다.

> FM(Frequency Modulation, 주파수 변조 방식) 88~108MHz

일정한 진폭을 갖고 신호 간섭이 적으며 각종 방해 전파의 영향을 거의 받지 않기 때문에 비교적 음질이 좋다. 다만 물리적 장벽을 통과하지 못해 터널, 지하, 건물 안 등에서는 수신이 어렵다.

　　　　　　　　　　　　　　* 1Hz는 1초에 한 번 왕복 운동이 반복됨을 의미한다.

　MBC 라디오의 경우 라디오 주조정실에서는 AM 방송인 900kHz와 FM 음악 방송인 91.9 MHz, 표준 FM인 95.9MHz와 DMB 라디오를 포함 총 4개의 채널을 이용해 실시간으로 방송하고 있다. 참고로 DMB 라디오 채널은 데이터 위주의 방송을 송출하고 있다.

✏️ **라디오 주조정실 입구**

생방송을 진행하기 때문에 외부인의 출입이 철저하게 통제되고 있다.

✏️ **라디오 주조정실 모습**

라디오는 음성을 송출하기 때문에 TV주조정실보다 비교적 단순한 편이다.

🎬 라디오 주조정실의 근무 형태

방송사마다 조금씩 다르지만, 라디오 주조정실의 기본적인 운용은 1명의 MD(Master Director)와 2~3명의 엔지니어로 구성한다.

MD는 라디오 방송의 전반적인 운행을 엔지니어와 함께 모니터링하며 정해진 편성표에 의한 방송을 정확하게 진행하는 업무를 담당한다. 라디오는 TV와는 달리 5~10초 정도의 짧은 브릿지(코너와 코너 사이, 음악과 음악 사이를 연결하는 구간으로 필러라고도 함)가 많아 운행 중 아주 작은 방송 사고들이 발생할 수 있는 소지가 많다. 그래서 MD는 엔지니어와 함께 항상 긴장된 상태를 유지해야 한다.

라디오는 24시간 생방송인 관계로 교대 근무를 통해 방송을 운용한다.

🎬 파일의 저장 및 관리

라디오 방송 제작도 TV와 마찬가지로 제작이 완성되면, 완제된 모든 콘텐츠는 서버에 저장되어 필요한 경우 서버 프로그램(MBC의 경우 자체 개발한 마이로스)을 통해 접근, 사용할 수 있다. 최근에는 가수의 음원이나 기타 CD 자료도 파일로 변환해 쉽게 사용이 가능하다. 파일 저장용 서버 프로그램은 라디오뿐만 아니라 TV 프로그램의 음악 관련 프로그램 제작 시에도 일부 사용하고 있다.

에필로그

2010년 빛장 김감독의 방송 조명 이야기
2017년 드라마 제작의 알파와 오메가
2018년 방송 제작의 알파와 오메가
2019년 드라마 제작의 알파와 오메가 (개정증보판)
2020년 쇼 제작의 알파와 오메가

　5권의 책을 집필했지만 나는 글을 잘 쓰는 사람이 아니다. 책의 제목이 정해지면 그에 맞는 내용과 관련 사진, 설명을 나름대로 정리하는 사람이다. 2020년 〈쇼 제작의 알파와 오메가〉를 마지막으로 더는 방송 관련 책에 대해 집필할 일은 없다고 생각했는데 출판사에서 〈방송 제작의 알파와 오메가〉 책이 다 팔렸다고 연락이 왔다.

　그간의 방송 제작 환경이 많이 변했기에 방송 제작에 관한 책을 새로 집필하기로 하고 공동 저자인 장익선 감독과 집필을 시작했다. 특히 이번 책에는 강의를 위해 준비한 방송 전문가들의 인터뷰 내용을 일부 게재할 수 있어 좋은 기회가 되었다.

　책을 집필할 때마다 좋은 아이디어와 자료를 준비해주는 것뿐만 아니라 저자로 함께 해준 MBC 후배 장익선 감독에게 감사드린다. 처음부터 끝까지 기도로서 집필을 응원해 준 사랑하는 아내에게도 감사드리며, 능력이 다할 때까지 후학들에게 '방송과 조명'에 대해 알리고 봉사하는 마음으로 살아가고자 한다.

공동 저자 **김태홍**

방송 제작 현장에서 일한 지도 어느덧 19년 차가 되었다. 많은 사람을 만나 작품에 관한 이야기와 경험을 나누고 다양한 콘텐츠를 함께 제작하며 시간을 보낼수록 제작 현장에서 가장 필요하다고 생각되는 것은 바로 '소통'이다.

방송 제작은 다른 사람의 생각과 가치를 표현하는 일이기도 하지만 나를 표현하는 일이기도 하다. 더불어 각자의 표현을 절충하는 일이다 보니 하나의 콘셉트를 위해 모두가 아이디어를 창출하고 토의하며 서로의 생각을 이해하고 나누는 과정이라 할 수 있다.

나는 우리가 하나의 작품을 만들기 위해 '소통'의 과정을 거쳐 얼마나 많은 정보와 생각을 공유하며 서로 어떤 입장으로 어떤 이야기를 나누는지, 이 과정에서 탄생한 것들이 어떻게 구체화되어 작품으로 표출되는지를 이야기하고 싶었다.

이 책에는 그러한 소통의 과정들이 고스란히 녹아 있다. 이 책의 문장 역시 제작 현장의 많은 이들과 직접 만나 이야기를 나누며 그들의 목소리를 그대로 담은 소통의 결과물로 채워져 있다.

또한 이 책은 대선배이신 김태홍 국장님과 함께 소통의 과정들을 통해 만들어진 귀한 결과물이다. 퇴직 후에도 늘 큰 존재가 되어주시는 선배님께 감사의 말씀을 드리고, 일련의 과정을 통해 선배님과 하나의 목표를 위해 상호 간 소통하며 서로를 이해할 수 있는 소중한 기회를 갖게 되어 영광이고 큰 가르침을 느낀다. 이 모든 것들이 본 저서를 통해 방송 제작 현장직을 꿈꾸는 많은 이들에게도 전달되기를 바란다.

공동 저자 **장익선**

김태흥 저자의 작품

드라마

1998년	그대 그리고 나
2002년	상도
2003년	황금마차
2007년	거침없이 하이킥
2008년	이산
2009년	지붕뚫고 하이킥
2010년	동이
2011년	짧은 다리의 역습
2012년	빛과 그림자
2013년	마의
2014년	폭풍의 여자
2015년	화정
2016년	다시 시작해
2017년	도둑놈 도둑님
2018년	부잣집 아들

쇼

1996년	토요일 토요일은 즐거워
2000년	쇼 음악캠프
2004년	대한민국 영화대상
2003년	대한민국 음악축제
2005년	대한민국 음악축제
2005년	쇼 음악중심
2005년	대한민국 영화대상
2007년	대한민국 영화대상
2007년	연말 가요대제전
2013년	DMZ 평화콘서트
2015년	DMZ 평화콘서트
2016년	MBC 연기 대상
2017년	DMC페스티벌 드라마어워즈

장익선 저자의 작품

쇼

2011년	무한도전 가요제
2012년	대학가요제
2012년	무한도전 서해안고속도로 가요제
2012년	커버댄스 페스티벌
2013년	이미자쇼(독일)
2013년	K-pop 콘서트
2014년	K-pop 베이징콘서트
2014년	Yesterday
2014년	쇼 음악중심
2015년	쇼 음악중심
2015년	중국복면가왕
2016년	Thank U 콘서트
2016년	음악중심
2017년	가요대제전
2017년	무한도전 토토가3
2018년	선택 2018 개표방송
2019년	언더나인틴
2019년	놀면뭐하니 유산슬 콘서트
2020년	백파더
2020년	복면가왕
2020년	트로트의 민족
2021년	PD수첩
2021년	백분토론
2022년	놀면뭐하니 도토리 페스티벌

드라마

2012년	천사의 선택
2013년	오자룡이 간다
2013년	수백향
2014년	소원을 말해봐
2015년	화려한 유혹
2016년	행복을 주는 사람들
2017년	별별며느리
2019년	황금정원

방송제작 현장실무

1판 1쇄 인쇄 2022년 2월 28일
1판 1쇄 발행 2022년 3월 10일

지 은 이 김태홍, 장익선
펴 낸 곳 씨마스21
펴 낸 이 김남인

총   괄 정춘교
편   집 윤예영
디 자 인 이미라, 이여비
마 케 팅 김진주

출판등록 제 2020-000180호 (2020년 11월 24일)
주   소 서울특별시 강서구 강서로33가길 78
전   화 02-2268-1597(174)
팩   스 02-2278-6702
홈페이지 www.cmass21.co.kr
이 메 일 cmass@cmass21.co.kr

ISBN | 979-11-978088-0-7(13680)